Proyecto: Migración

Por

Gustavo Elías Parra A.

CONTENIDO

AGRADECIMIENTOS

Creo que necesitaría un libro completo tan solo para agradecer a todas las personas que nos han acompañado en este viaje. Una travesía que se inició el 14 de septiembre de 2011, momento en que salí de Maracaibo y que narro en estas líneas, hasta llegar al día de hoy. Son muchos los que, de alguna u otra forma, fueron partícipes e incluso protagonistas de historias paralelas que se dieron en el transcurso de lo aquí narrado. Debo agradecer a todas y cada una de las personas con quienes compartí una sonrisa, quienes me ofrecieron una palabra de aliento y especialmente a quienes, con o sin intención, sirvieron de obstáculos. Gracias a estos últimos, entendí que verdaderamente los límites son mayormente mentales.

Agradezco a todos y cada uno de mis jefes, a los buenos y sobre todo a los malos. Cada uno de ellos fue clave en cada evento y en cada decisión que tomé. Y todo ello hizo que hoy esté donde estoy y que este libro sea una realidad.

No se agradece a las cosas, se siente gratitud por ellas. Así que, siento profunda gratitud por los paisajes de Ciudad Victoria, Tamaulipas; la Sierra Madre Oriental que cobijó tantos sueños, tantas dudas y que al final quedó en mi recuerdo como mi vista matutina preferida. Las carreteras del norte de Florida y del sur de Georgia fueron parte esencial para la inspiración y para refrescar cada recuerdo. Este libro fue escrito entre Ciudad Victoria (México), El Doral, Miami, Tallahassee, Madison, Monticello, Perry, Jacksonville, Panama City, Destin, Pontevedra, Oviedo y Titusville en Florida, además de en ciudades como Moultrie, Sylvester, Fitzgerald, Cairo, Tifton, Thomasville, Marietta, Columbus y Atlanta en Georgia. Cada una fue fuente de inspiración, unas en mayor medida que otras.

Asimismo, agradezco a todos y cada uno de los invitados al Podcast quienes compartieron sus experiencias gustosamente y sin reservas, parte de las cuales están impresas en este libro.

INTRODUCCIÓN

Proyecto: Migración nació como una bitácora que mantuve desde un poco antes de mi salida de Maracaibo y donde escribí cada acontecimiento sucedido entre los meses de julio de 2011 y diciembre de 2012. Intenté en dos ocasiones comenzar a escribir este libro, pero admito que no pude. Un primer intento durante 2012 y otro, seis años después a inicios de 2018. Luego de esos intentos entendí que no me sentía preparado para escribir todo lo sucedido. A inicios de 2017 durante el alba de mi segunda migración intenté de nuevo retomar la idea. En esta ocasión en la forma de un *blog* en internet. Tenía varios artículos, diseño y todo listo, pero sentía que algo faltaba y nunca lo puse en línea. Fue hasta finales de 2019 cuando decidí canalizar todas esas vivencias cargadas de energías y fue donde finalmente *Proyecto: Migración* nació como Podcast. Sentía la necesidad de compartir mi experiencia y la experiencia de otros migrantes y esto ha sido terapéutico. Entendí que debía sentarme de nuevo a escribir y que la mejor forma de evitar que otros pasen por todo lo que yo pasé junto con mi esposa era compartiendo mis vivencias no solo en el Podcast, sino también en estas líneas.

Al igual que los primeros tres episodios del Podcast, los primeros tres capítulos de este libro nacieron de esa bitácora. La mayoría de los capítulos están acompañados de reflexiones personales que hice durante cada momento vivido. En otros casos hay recomendaciones que hago desde mi punto de vista para aquellos que están considerando migrar. Pero también para aquellos que ya migraron y siguen sin encontrar lo que buscan y que viven en constante duelo e insatisfacción por su nueva vida.

Mi misión con *Proyecto: Migración* (desde este libro, el podcast y mis redes sociales) es entregar un mensaje a todos los migrantes de habla hispana:

"Podemos vivir tranquilos siendo migrantes, vivir plenamente sin que sea la nostalgia o la preocupación las que rijan nuestras vidas".

Conseguí muchas personas que me dieron consejos y recomendaciones prácticas para mis migraciones (antes de y después de). Personas que me explicaron los trámites necesarios y que, incluso habiendo migrado, me aconsejaban sobre trabajos, oportunidades, finanzas, entre otras cosas. Pero nunca, nadie me dijo antes de migrar o después de haber migrado ***de qué manera iba a conseguir la TRANQUILIDAD en mi nueva vida como migrante*** y esto va mucho más allá del éxito económico o de cumplir las necesidades básicas de alimentación y seguridad.

Con el paso de los años, migraciones a dos países, haber vivido en cinco ciudades y un sinnúmero de experiencias, entendí que primero debía encontrar mi centro. Primero debía sentirme pleno y tranquilo para luego poder enfocarme en mi realización personal, como papá, como esposo, como trabajador, como emprendedor, como artista, creador o cualquier otro rol, y de último viene el éxito económico; y es que cuando se vive pleno el dinero fluye.

Siempre pensé que era al revés, que debía estar bien económicamente para luego poder enfocarme en los demás aspectos de mi vida. Pensaba que necesitaba tener mucho dinero para poder estar tranquilo y estaba equivocado. Vivía con una *insatisfacción constante con mi presente, esperando el futuro y extrañando el pasado.*

Personalmente considero que el punto de partida para lograr esto en cualquier proyecto de migración es la conjunción de cinco fases iniciales que son los cimientos de este libro: *Decisión, Planificación, Adaptación, Desapego y Filiación.* Creo firmemente que si existe una clave para el éxito de cualquier migrante en conseguir esa tranquilidad y plenitud esta no radica en el éxito que tengamos en cada fase (de manera individual) o en el poco tiempo que permanezcamos en cada una de ellas. Más bien radica en el aguante y en la resiliencia que tengamos durante los momentos de dificultades que seguramente se presentarán en cada una de estas fases y sobre todo en nuestra actitud; estar conscientes de que son fases que todos pasamos y no resistirnos a ese hecho. Si luchamos contra todo y contra todos, la cosa será mucho más difícil, créame, es más fácil asimilar la migración con *gratitud y satisfacción por tener una nueva oportunidad* para rehacer nuestras vidas en donde sea que estemos.

No puedo dejar de mencionar mi intención de sensibilizar a las personas de los países hispanos que hoy son testigos del fenómeno migratorio protagonizado especialmente por los venezolanos. Es mi deseo el que ellos puedan leer en estas líneas una historia que probablemente tienes rasgos parecidos a las experiencias de muchos y que con esto puedan entender lo difícil que es salir de tu país (con o sin planes) a encontrarte con una realidad distinta a la que uno proyectaba encontrar. Esto no es fácil. Además, el rechazo por parte de los propios para con los nuevos migrantes aumenta la dificultad.

Los nombres de las personas que menciono en mis vivencias en México son reales, en los demás capítulos menciono a conocidos y migrantes los cuales en algunos casos preferí cambiar sus nombres reales por pseudónimos para efectos de este libro, en cada caso de este tipo indico si hago uso de nombres ficticios o la omisión de estos.

En este libro leerán expresiones venezolanas, mexicanas y algunos modismos de otros países. Estos últimos en muchas ocasiones necesarios. Son expresiones que me llaman la atención porque creo que contextualmente hay expresiones hispanas muy a lugar para ocasiones específicas, las cuales he aprendido de compañeros de migración: colombianos, guatemaltecos, boricuas, cubanos, mexicanos, entre otros. Aunque estoy orgulloso de ser venezolano, este libro es para todos y quiero que cada hispano en el mundo que lea este libro se sienta identificado con una expresión suya.

1. ¿ME VOY O ME QUEDO?

Mi historia quizá se parece a la de muchos, quizá a la de ninguno.

Nací en la Venezuela pujante de la década de los 80, mi única preocupación como niño era *portarme bien*; estudiar, sacar buenas notas, dar los buenos días (tardes y noches), ofrecer a la vecina ayuda con sus bolsas (cuando eran muchas) y evitar meterme en problemas más allá de lo que no pudiese manejar. Crecí en un conjunto residencial en Maracaibo, un complejo de once edificios, dos canchas, áreas verdes y un montón de compañeros de infancia en donde aprendí a jugar béisbol, basquetbol, futbolito, trompo, metras y demás distracciones típicas de la infancia venezolana de la época. ('*De la época*'… sueno como un anciano).

En la adolescencia cambié las tardes en la cancha por la privacidad de mi cuarto y sustituí los deportes por la música, comenzaba allí mi pasión por la música; me encantaba escribir canciones, tocar mi guitarra, cantar. Era la mejor manera de pasar mis tardes y noches, de hecho, en muchas ocasiones dejaba de hacer mis tareas escolares para sentarme a "*sacar*" una canción de *Guns & Roses* o para escribir una canción sobre la caraja que me gustara en aquel momento… Esto era usual; solía ser muy enamoradizo.

En las clases del colegio podía ver un pizarrón lleno de mil ecuaciones de trigonometría y mi cabeza solo pensaba en rimas, acordes y en cómo podía escapar del momento presente para poder buscar formas de expresarme. Todo esto lo pude canalizar entrando al coro del colegio. Estos fueron mis inicios como músico, luego en coros de iglesia, donde aumentaría mi fervor y nuevas maneras de ver la vida, todo a través de la música.

Como estudiante siempre fui un rebelde sin causa (o con causa, según tu punto de vista), me burlaba de los malos profesores y difícilmente prestaba atención a sus clases enciclopedistas llenas de información, pero carentes de real valor o aprendizaje. Eran pocas las clases que realmente apreciaba (además de las del coro), las clases de Orientación (que eran con el mismo profe que dirigía el coro), las de inglés y las de Filosofía las disfrutaba mucho. Cuando comencé a ver Filosofía empecé a reflexionar sobre lo que somos, nuestra manera de ver el mundo y como podíamos hacer de este un lugar mejor. Aunque hoy considero que era inmaduro, siempre fui un poco precoz en mi concepción de la vida. Por el hecho de ser un contrario tenía realmente muy pocos amigos. Compartía un salón de clases con más de cuarenta estudiantes y me llevaba con todos, pero de toda esa multitud solo a dos consideraba realmente como mis amigos, no necesitaba más.

Llegado el momento de todo adolescente de escoger una carrera universitaria, luego de una larga deliberación entre la ingeniería (la carrera de mi papá y de todos mis primos por parte de papá) y la música; tomando en cuenta que había sido MALO en matemáticas en bachillerato, (así, MALO con mayúsculas) y por otro lado soñando con escenarios, estudios de grabación, componer y producir decidí entonces estudiar música. Lo hice con un objetivo en mente: graduarme y luego seguir mis estudios fuera de Venezuela. En Venezuela, aunque sobraba el talento musical y había agrupaciones de muy buen nivel, sentía que mi futuro (musicalmente hablando) estaba fuera de mi país. Además de esto, crecí en una familia donde lo tradicional era estudiar un posgrado para poder empezar a ser realmente rentable y bajo esta línea decidí que mi meta era graduarme y hacer un posgrado en el exterior.

A finales de 2003 finalicé mis estudios, todo apuntaba a que iría a España a estudiar un posgrado en Producción Musical. Lamentablemente la finalización de mi escolaridad coincidió con un incidente familiar que cambió mis planes: mi papá fue diagnosticado con cáncer de colon y ya estaba en fase terminal. El médico pronosticaba (de manera optimista) que le quedaban entre nueve meses y un año de vida, esto se convirtió en un mes y medio. Mi papá falleció el 30 de diciembre de 2003 luego de una agonía intensa pero corta; una operación donde le quitaron una buena parte de su intestino grueso, una colostomía y varias punzadas en sus pulmones e intestinos para drenarle liquido fueron suficientes para minimizar a nada la vida de mi señor padre con cuarenta y siete años. Él era un tipo robusto, de tez morena, un metro ochenta de estatura y una sonrisa que podía abrir las puertas del mismísimo cielo. Como hijo mayor asumí las riendas de la familia, de esa manera podría velar por mi hermano de trece años y ser pilar para mi mamá.

A inicios de 2004, con veintiún años recién cumplidos tomé la decisión de quedarme en Venezuela, trabajar como profesor universitario y así poder proveer para mí familia. Hice mis planes de migración y mis metas personales a un lado, pero como siempre digo, de alguna manera hay cosas en la vida que no se pueden esquivar y que incluso sin buscarlas aparecen o - en este caso- reaparecen.

El desarrollo de mi carrera como profesor y las relaciones que se hacen cuando se ejerce esa profesión hizo posible que, en mayo de 2011, ocho años después, se presentara la oportunidad de salir de Venezuela, no para estudiar, si no para desempeñarme en la carrera que irónicamente tomé como segunda opción o como plan de emergencia; la Pedagogía ¿El Destino? Ciudad Victoria, México.

En lo que contemplo como Fases de un Proyecto de Migración, la *Decisión* es la primera fase; fue hasta este momento donde la pregunta ¿Me voy o Me Quedo? Comenzó a surgir y a ser parte de cada minuto de cada una de las veinticuatro horas que tiene un día…

EL CONTEXTO GENERAL

En Maracaibo durante 2011 estaba empezándose a dejar ver la tortura psicológica llamada *Racionamiento Eléctrico*, la cual consistía en cortes del servicio de electricidad diarios con duración de dos o tres horas. Aunado a eso, se comenzaban a ver filas para comprar comida. En aquellos días solo veía dos tipos de fila; una para comprar aceite y otra para comprar harina de maíz. En aquel momento esto era algo inusual y aislado, pero no dejaba de preocuparme.

Estaba recién casado, sin hijos y mi carrera profesional en la universidad (donde ya venía trabajando por más de siete años) estaba llegando a su ocaso. Desde México, la oferta era para un trabajo como profesor en una institución educativa que contaba con bachillerato musical, un concepto innovador en México, pero con cierta longevidad en Venezuela, además de esto, la institución contaba con una Licenciatura en Música, carrera que estudié y en la que también impartía clases en mi alma mater.

La oferta económica era atractiva, me ofrecían un sueldo que equivalía aproximadamente a seis veces el sueldo que ganaba en aquel momento, aparte de esto el contrato incluía beneficios como vivienda, alimentación, y la posibilidad de viajar de vuelta a Venezuela una vez al año en vacaciones, es decir, estaba todo dado como para que la balanza se inclinara más hacia el lado de *"Me voy* (!)*"*.

Aunque eran pocas las dudas uno siempre evalúa. Es normal crearse escenarios y novelas completas en la cabeza. Recuerdo cuando hablaba en el Primer Episodio del Podcast con Don Rony Sancir, inmigrante guatemalteco quien vive en los Estados Unidos, donde me decía *"Es que siempre, lo que más pesa es la plata."*. Y es cierto; en mi caso también pensaba en una nueva vida, un reinicio en mi carrera, etc. La migración puede ofrecer un sin número de cosas buenas, pero inicialmente la mejor ofrenda es la posibilidad de ser alguien nuevo, dejar malos hábitos atrás y reinventarte, una palabra que por cierto debería ser sinónimo de migración: *reinvención*.

Pasamos por los momentos obligados que pasa todo prospecto a migrante; preguntar e investigar cosas como:

o   ¿Cuánto dinero necesitas mensualmente para vivir bien allá?

o ¿Y cuánto es eso en dólares?

o ¿Con cuánto haces la compra en el supermercado?

o ¿Cuánto cuesta una renta promedio?

o ¿Cuánto cuesta un carro?

o ¿Cuánto cuesta una casa?

o ¿Qué tanto frío hace en invierno?

o ¿Qué tanto calor hace en verano?

En muchos casos preguntas como; ¿Cuánto tengo que ganar mensualmente para poder viajar a Venezuela al menos una vez al año? Son preguntas que ahorita las escribo y me parecen risibles. Llega a ser incluso gracioso ver como cuando llegas a dónde vas -en la mayoría de los casos- el ochenta por ciento de las respuestas que te dieron o que investigaste no concuerdan con la realidad y no es por mala intención de las personas a quienes le preguntaste, sino que entiendes el famoso paradigma de que *la realidad es subjetiva*. Es decir, la experiencia y la realidad de cada quien es individual y no necesariamente esta debe concordar con tu realidad.

Al final de una investigación exhaustiva, múltiples llamadas por *Skype* con nuestro enlace en México, entrevistas telefónicas con el director de la escuela y un contrato de trabajo en el buzón de entrada de mi correo electrónico (ya luego les hablaré de la parte de los contratos) decidimos que lo mejor era irnos. Comenzaba la parte más difícil de la fase de *Decisión*: comenzar a alistar todo, ver que nos llevaríamos y que dejaríamos. Parte de la oferta que recibimos por parte del director de la escuela (aquí entra lo del contrato) era que no tendríamos limitaciones en cuanto al equipaje, ya que viajaríamos junto a un grupo de aproximadamente quince personas, profesores y músicos también. Estos formarían parte de este proyecto y por ello, el viaje se haría en un vuelo privado, lo que hizo que en aquel momento no fuese tan difícil escoger que llevar. *¡No tenemos restricción de veintitrés kilos por maleta!* Era el coro que se escuchaba cada vez que nos reuníamos con los demás profesores. Sí, las reuniones entre quienes nos iríamos fueron usuales durante un par de meses. Inicialmente no nos conocíamos y las organizábamos por *WhatsApp*. Luego nos poníamos de acuerdo y nos veíamos en casa de alguno de nosotros. Todos éramos de Maracaibo y las reuniones eran mayormente motivadas por el hecho de que uno de los requerimientos del director de la escuela era que al llegar nos presentáramos cada uno en un recital donde cada uno mostraría sus talentos como músico.

Cada quien tenía un contrato específico con una oferta económica que no difería en mayor medida entre quienes viajaríamos junto con los demás beneficios mencionados. Esto hacía que todo fuese más serio, aunque todos teníamos nuestras dudas. Nuestro enlace con el director de la escuela era una persona de nuestra entera confianza y por ello nos sentíamos seguros de que todo iba a estar bien.

TOQUES FINALES

En esta fase tocaba renunciar a los trabajos, despedirse de los familiares... Todo esto en medio de las perlas burocráticas que todos los venezolanos debemos pasar para poder salir del país: renovar pasaportes, apostillar títulos, solicitud de cartas de No Antecedentes Penales, etc.

Recuerdo ese viaje a Caracas para apostillar mis títulos; iba bastante emocionado con mi esposa y una *catarranda* de papeles para hacer lo propio y tener todo en regla. Llegamos a Caracas; metro, autobús, filas, y todo lo necesario, bien dispuestos para hacer los trámites en el Ministerio de Educación y en el Ministerio de Relaciones Exteriores. En este último dejé mis títulos y el protocolo dictaba (en aquel momento) que al día hábil siguiente debías recoger tus títulos con la apostilla de La Haya. En efecto, al día siguiente, de nuevo; metro, autobús y filas en esta ocasión para recoger los documentos que ya debían estar listos. Recuerdo esa mañana fresca en la capital, estando en la puerta de la oficina de legalización y apostilla, luego de un retraso poco peculiar (según manifestaban algunos miembros de la fila). De repente aparece este carajo de un metro y noventa centímetros de altura empapado y con sus zapatos cubiertos con bolsas plásticas a informar con tono grave y volumen fuerte:

"Señores, su atención por favor. Se nos inundó la oficina. Hubo algunos documentos que sufrieron daños por el agua, pasarán de diez en diez a recuperar sus documentos".

En ese momento sentí un frío intenso que iba desde mi cabeza hasta los pies, en segundos empecé a sudar frío y en efecto, de diez en diez fuimos entrando los miembros de la fila quienes a estas alturas pareciese que fuésemos en una procesión de semana santa, en una mezcla de duelo anticipado, angustia y expectativa. A medida que iba subiendo las escaleras oscuras y con el agua bajando a cantaros entre piso y piso, iba entre nervioso y seguro de que a mis papeles no les había pasado nada. Cuando al fin subí - lo que para mí fueron como ocho pisos- llegué a la oficina donde me estaban esperando con mi título abierto y arrugado junto con una carta del Ministerio explicando lo sucedido, mi título fue uno de los que sufrió daños… La tinta donde dice mi nombre y el nombre de la carrera estaba escurrida, regada por todo el papel, el consuelo que me daban era *"pero bueno, las firmas de las autoridades están intactas…"* al menos…

En ese momento no sabía si reír o llorar (hice lo segundo cabe destacar) y parte de mí pensaba que era como una señal. Pero también, la parte racional, el Gustavo optimista que rara vez salía a flote en momentos de angustia, pensaba que era algo que podía sucederle a cualquiera ¿Se imaginan? Mi determinación de salir del país era tal que pensaba "Que la oficina de Legalización y Apostilla se inunde justo la noche en la que mi título estaba ahí y entre cientos de títulos se dañe el mío; eso le puede pasar a cualquiera…"

Regresamos de Caracas con una sensación ambivalente entre "con las tablas en la cabeza" y triunfantes por qué -al menos- ya tenía ese requisito cubierto.

Realmente no necesito hablar sobre la renovación del pasaporte ya que para aquellos años este trámite no era nada del otro mundo, en 2011 la renovación del pasaporte era algo que no tardaba más de media mañana. Menciono esto para los venezolanos que posterior a 2015 muy probablemente pasaron penuria y media para renovar o para obtener sus pasaportes.

Listos para la despedida, maletas listas, con todo lo que cabía y lo que no, no escatimamos en llevarnos cualquier objeto que remotamente pudiésemos pensar que nos haría falta en México. Lamentablemente el protocolo sufrió un pequeño cambio, uno de los más drásticos era con respecto al vuelo privado: ya no habría vuelo privado. Ahora debíamos volar a Ciudad de México con escala en Bogotá saliendo del aeropuerto de Maiquetía (en Caracas) en un vuelo comercial; la regla de las maletas de veintitrés kilos también aplicaría para mí… ¡Oh destino cruel! Tocaba desempacar todo y rehacer maletas respetando el peso y en mi caso tuve que cambiar una maleta de veintitrés kilos por mis dos guitarras y un Cuatro venezolano (fue uno de los mejores cambios que pude hacer).

A la final no nos fuimos quince músicos, inicialmente solo nos fuimos dos. Mi esposa se quedaba en Maracaibo con el compromiso de que a más tardar en un mes estaría viajando hacia Ciudad Victoria.

Salí de Maracaibo el 14 de septiembre de 2011 a las 4:00 pm hacia Maiquetía y tocaba pasar la noche en Maiquetía para volar a las 7:00 am hacia Ciudad de México. Recuerdo haber tenido noches largas y esa. Nunca olvidaré esa noche en Maiquetía, la pasé en el pasillo que da al terminal internacional junto con mi compañero de aventuras en aquel momento, uno de los mejores saxofonistas que ha parido Maracaibo, el Señorón Eduardo

Vega Tablante. Refugiados por unas escaleras donde reposaba todo nuestro equipaje decidimos no arriesgarnos al salir del aeropuerto en busca de un hotel por motivos de seguridad (y de plata, claro).

Uno de los errores más graves que cometí como aspirante a migrante fue pasar por alto la importancia de lo que debe ser la segunda fase en cualquier proyecto de migración; la *Planificación*. Salimos de Maracaibo sin tener un Plan B, por lo que actualmente siempre recomiendo a cualquier persona que pregunta sobre migrar tener un plan B, C, D y así al menos hasta la X o la Z. En mi caso los planes B y C tuvieron lugar de manera improvisada durante esa noche en el terminal internacional de ese aeropuerto. En el transcurso de esa noche hicimos planes, evaluamos lo que nos esperaba, planes alternos, plazos entre otras cosas. A las 6:30 am del día 15 de septiembre todo estaba listo; pasaportes sellados, boletos ya verificados y en la sala de embarque, Venezuela me despedía con la voz de una llamada por un altoparlante que decía "El Señor Gustavo Parra por favor reportarse en el mostrador de la aerolínea". Por alguna razón el equipaje de Eduardo lo documentaron a mi nombre y la Guardia Nacional encontró un "paquete sospechoso" en uno de los zapatos de Eduardo durante el escaneo. Luego de bajar a la rampa de equipaje, procedieron a abrir la maleta; el paquete sospechoso era un empaque de un kilo de harina de maíz cuya marca son tres letras y es tan reconocida como la bandera nacional. Fue la última vez que vi un paquete de harina de maíz durante los siguientes doce meses y la última vez durante los siguientes dos años que respiré el aire fresco que ofrece la mañana en cualquier parte de Venezuela, la bruma, la brisa y el calorcito que uno siente cuando pertenece a un lugar.

2. ADAPTACIÓN

Lo he dicho una y mil veces y hasta que tenga aliento diré esto a quien sea que me pregunte ¿Qué es lo más difícil en el proceso de migrar? La tercera fase de cualquier Proyecto de Migración: *la Adaptación*. Luego de haber cambiado tres veces de ciudad y haber hecho vida por (cuestiones de trabajo) en dos más aparte de esas tres, he entendido que todos los seres humanos somos intrínsecamente migrantes, de alguna u otra forma migramos entre situaciones, entre contextos. No solo al cambiar de ciudad, sino también cuando cambiamos de una etapa en la vida a otra. Cuando cambiamos de trabajo, cuando terminamos una relación, etc. Cualquiera que sea la manera de migrar en su forma literal o metafórica -según lo planteado- siempre lo más difícil es la *adaptación*. Adaptarnos al cambio de un entorno al otro; quién no recuerda esa sensación extraña el primer día en la secundaria luego de haber pasado seis años en la primaria (seis en el caso de Venezuela) o la incomodidad cuando ya no nos iba a buscar el transporte escolar en la universidad si no que tocaba agarrar el autobús. De manera personal, aquellas sensaciones las cambiaría mil veces por la sensación que sentí la primera navidad fuera de Maracaibo… pero de alguna u otra forma también entendí que aquellos cambios, de escuela, en la universidad, de relaciones, etc. Fueron una manera de entrenamiento.

Nunca había salido de Venezuela, aunque crecí en una familia de clase media, mi papá prefería viajar dentro de Venezuela y enseñarnos los paisajes propios. Ahorita recuerdo esto y me causa gracia, siempre decía *"nos puedes conocer el exterior sin antes conocer tu propio país"*. Ahorita mi papá debe estar revolcándose al ver que conocí primero el Paseo de la Reforma en México que la Gran Sabana en Venezuela.

Aterrizamos en México el 15 de septiembre de 2011 a las 4:00 pm, se suponía que nos esperarían para de ahí viajar a San Luis Potosí donde nos veríamos con quien fue el enlace para todo el proyecto de la escuela, el también maracucho y compañero de promoción en la Universidad Jenson Rodríguez quien residía en México desde 2005. Al salir al terminal internacional del Benito Juárez no teníamos servicio en los celulares por lo que acudimos a una casa de cambio para comprar pesos mexicanos y luego poder comprar una tarjeta telefónica y llamar a Jenson. La respuesta no fue la esperada… *"Hermano, me compliqué; los va a recoger una amiga venezolana quien los llevará a pasar la noche en su casa y mañana viajo a Ciudad de México para encontrarnos y viajar a Ciudad Victoria"*. La amiga de Jenson no apareció y este al ver la situación nos envió la dirección de un conocido de él en Ciudad de México, tomamos un taxi y ese día -para acabar de completar- México nos recibía con tremenda granizada. Llegamos a casa del conocido de Jenson quien muy amablemente y con la hospitalidad que caracteriza a los mexicanos, nos recibió en su casa para poder refrescarnos, cambiarnos y tomar un autobús a San Luis Potosí donde nos esperaba Jenson.

A las 4:00 am al fin nos encontramos con Jenson, el tradicional saludo entre maracuchos *"¡¿Qué fue mijo!?"* con el respectivo *"¡Te depravaste! Nos dejaste solos en Ciudad de México"*, pero ya muertos de la risa con muchísima menos tensión.

Todo sucedió tan rápido que no tuve chance de reaccionar y asimilar que ya estaba en otro país, había roto las fronteras no solo físicas sino mentales. Mi sueño de salir de Venezuela a ser "profeta en otras tierras" se estaba cumpliendo en una forma distinta pero parecida a la vez.

LLEGANDO A LA SEGUNDA CASA

Luego de tomar un breve descanso en San Luis Potosí a las 12:00 pm salimos con rumbo a lo que sería nuestro hogar durante los siguientes cinco años, Ciudad Victoria. La capital del estado de Tamaulipas con 360,000 habitantes (según el censo de 2016), apodada cariñosamente por los propios victorenses como *Vicky Ranch* (Rancho Victoria). Una ciudad con poco tráfico y con un ritmo lento en comparación a la Maracaibo siempre congestionada por su millón y medio de habitantes.

Cuando llegamos a Ciudad Victoria nos esperaba un comité de bienvenida organizado por la escuela y su director, en este momento empezó a ser común mirarnos las caras y empezar a interpretar las miradas entre Eduardo y yo. Empezamos a preguntarnos cosas como «¿Esta es toda la escuela o es una de las tantas locaciones de la escuela? ¿Esta escuela va a tener para cumplir con lo ofrecido en el contrato?». Para describir un poco la edificación en la que se encontraba la escuela; era un edificio cuya estructura estimo que era de los años cincuenta, no parecía una escuela, posteriormente nos contaron que fue una clínica de cuidado para ancianos. Tenía una construcción de dos mil metros cuadrados aproximadamente y se encontraba en el centro de Ciudad Victoria. Contaba con una biblioteca, la oficina del director, tres salones de clase, un almacén, un comedor y al final del corredor una puerta que daba a una especie de patio donde estaba la cocina y un cuarto salón de clases.

Dados los acontecimientos, esa misma noche Eduardo y yo nos sentamos a hablar con Jenson sobre nuestras impresiones, en ese momento nos dimos cuenta que todo lo que nos describió el director de la escuela era solo un proyecto, no era algo oficial, es decir, la escuela contaba con un bachillerato en música, cabe destacar que en aquel momento solo dos escuelas en el estado contaban con este tipo de programa, y una de ellas era ésta, pero todo lo demás; la licenciatura en música y todo lo que nos describieron era un proyecto. La escuela estaba optando para recibir subsidio gubernamental por parte del gobierno estatal y esto no es algo que se consigue de la noche a la mañana. Aunque esto nos causó preocupación hicimos lo más prudente, sentamos a acordar un plan simple y unánime: *"comencemos a cumplir nuestras labores y esperemos el primer mes, a final de ese primer mes evaluamos que haremos"*.

Jenson se regresaría a San Luis el día siguiente a sus actividades habituales ya que su misión era dejarnos bien instalados en la escuela, cerciorarse que todo estuviese en orden con el lugar donde viviríamos y en cualquier emergencia podríamos acudir a él e irnos a San Luis con él. Hasta el sol de hoy estaré agradecido con Jenson, nunca nos desamparó y el hecho de tomar de su tiempo y sin ningún interés para llevarnos a Ciudad Victoria y estar pendiente de nosotros es algo por lo que siempre le estaré agradecido, en aquel momento todos fuimos inocentes al pensar que todo estaba en orden, el orden era aparente, eso lo entendimos después.

De repente todo iba teniendo sentido, el vuelo privado que nunca fue, el grupo de quince músicos reducido a dos, todo iba siendo coherente, todo era un proyecto, sin embargo, ahí estábamos. En mi caso ya había renunciado a mi trabajo en la universidad y aunque planificamos regresar en caso de que las cosas no salieran bien, mentalmente yo estaba programado a que si salí de Venezuela iría *"a todas"* (como dicen los boricuas). A darlo todo y dispuesto a que, si no era en esa escuela, o si no era en Ciudad Victoria tenía la libertad de moverme a donde fuese con tal de encontrar lo que salí a buscar.

Comenzamos nuestras labores oficialmente al día siguiente de haber llegado. Nos asignaron las materias que cada uno iba a impartir, así como los grupos a atender. Todo iba según lo planeado, a medida que iba pasando el tiempo nos íbamos acomodando. Vivíamos en un apartamento de una habitación y a finales de septiembre nos asignarían un segundo departamento ya que era la fecha en la que estaba estipulada que llegaría mi esposa junto con otro compañero músico.

Pasaron las primeras dos semanas, hasta ese momento la experiencia era enriquecedora, entre tantas cosas; la comida de Doña Chela (nuestra cocinera asignada), la sed de los estudiantes de aprender lo más que pudieran absorber de sus profesores venezolanos, el cariño de los papás de los estudiantes quienes apreciaban todo lo que estábamos enseñando, todo. Ciudad Victoria pasó a ser nuestra segunda casa.

En aquel momento (investigado con el Instituto Nacional de Migración) éramos los únicos venezolanos en la ciudad. Era usual que Eduardo con su estatura de un metro y ochenta y cinco centímetros de altura de tez morena y con su acento de maracucho "raja'o" y yo con un metro y noventa centímetros de altura, cabello largo y enrulado saliéramos a la calle y la gente nos mirara fijamente o se sonrieran cuando nos escuchaban hablar. Era algo extraño para nosotros, pero a la vez disfrutábamos esa sensación. A lo largo de ese mes conocimos al alcalde de la ciudad, al gobernador del estado y demás personalidades políticas del estado. Nos entrevistaron al menos tres medios impresos locales que tenían alcance en todo el estado, todo parecía ir bien y eso aumentaba la seguridad de que íbamos por buen camino.

Antes de cumplirse las tres semanas de nuestra llegada, el grupo aumentó a cuatro personas, llegaron a Ciudad Victoria mi esposa Aimée López y un buen amigo y colega músico Dizzy Villamizar, percusionista (todos venezolanos). Esto fortalecía la moral de Eduardo y la mía obviamente. Seguíamos trabajando duro entregados a lo que hacíamos, conociendo la ciudad y buscando maneras innovadoras de impartir nuestras clases. Cumplida la segunda quincena no se veía intención de pago lo que nos motivó a reunirnos con el director de la escuela y el discurso era el mismo: *"estamos esperando respuesta de gobierno, no tardan en aprobar nuestra solicitud, todo va a estar bien, ustedes no se preocupen"*.

En ese momento evaluamos, nuevamente el "¿Me voy o me quedo?" Esta vez la frase tenía un nuevo sentido pues era fuera de Venezuela y además en plural ¿Nos vamos o nos quedamos? Decidimos en aquel momento algo que posteriormente nos costaría mucho: decidimos seguir. *"Veamos hasta donde, y ya que estamos aquí; esperemos"*. Lo básico (vivienda y comida) no nos faltaba así que podíamos aguantar con tal de seguir adelante ya que disfrutábamos la labor que estábamos haciendo y las promesas de los recursos gubernamentales eran sonantes.

Uno ve en las películas como una sola decisión que toma el protagonista cambia el rumbo de toda la película y como uno piensa al final «si la viejita no hubiese tirado el collar al mar nada de lo que vi hubiese sucedido…» De esta misma manera aquella decisión -sin querer sonar dramático- cambiaría el destino de cada uno de nosotros.

Esto me recuerda mucho a Juan López, mi cuñado y otro de mis invitados en el Podcast para el episodio *Adaptación*, donde dijo; *"Gustavo, todo en la vida son decisiones y si decidimos algo es cuestión de apegarnos a eso y seguir adelante"*.

Muchas veces decidimos impulsivamente, algunas otras tomamos decisiones mejor pensadas. Sin embargo, a fin de cuentas, lo que realmente importa es apegarnos a lo que decidimos, esto es una forma de disciplina.

Las semanas se convirtieron en meses y todavía manteníamos las esperanzas; siempre me he reprochado por aguantar tanto tiempo, pero, aunque suene ilusorio, creíamos que las cosas se darían tal y como nos lo ofrecieron. En el transcurso de esos meses hubo discusiones entre nosotros cuatro, de lunes a viernes (los días de clases) comíamos por donaciones que hacían los papás de los estudiantes a la escuela, hubo fines de semana en los que el director de la escuela nos dejaba a *'la buena de Dios'*. Comíamos gracias a los papás de algunos de los estudiantes que no nos desamparaban, entre ellos la Sra. Cecilia Carrizales quien nos adoptó como sus hijos y que incluso hasta el día en el que mi familia y yo salimos de México estuvo con nosotros sin desampararnos.

El poco dinero que nos habíamos llevado ya comenzaba a mermar y la presión comenzaba a aumentar. Por otro lado, nuestros familiares nos llamaban vía *Skype* y era difícil narrar lo que nos pasaba por lo que decíamos *"¡Todo está bien, estamos muy bien!"* no queríamos preocuparlos, pero la realidad era que no estábamos bien. En Ciudad Victoria entendí lo que leí hace poco en una frase y que en aquel momento no sabía cómo explicar *'Redes Sociales vemos, realidades no sabemos'*. En las redes parecía que estábamos de maravilla y por eso nuestras familias se sentían tranquilas de que todo estaba bien.

A este punto ya se hizo necesario (para mí) empezar a documentar todo lo que nos estaba sucediendo; empecé a guardar correos electrónicos del Sr. Director, grabar conversaciones que él tenía con nosotros, tomar fotos de algunas de las comidas que nos servían, entre otras cosas, llámenle instinto o presagio, una parte de mí sentía que eran cosas que podía utilizar en algún momento para poder tener pruebas de todo lo que sucedía.

PRIMER ASALTO

Una semana antes de cumplido el tercer mes de la llegada de Eduardo y mía, el director nos citó en su oficina para anunciar que desistirían de la solicitud de recursos a gobierno del estado y que *'lo mejor era cesar el contrato'*. ¡Nos estaban despidiendo! Los beneficios de vivienda y comida llegaban también a su fin. Teníamos dos semanas para desocupar las viviendas, tanto el departamento en el Trece Juárez Esquina que ocupábamos desde el 16 de septiembre, así como segundo departamento que ocupábamos Aimée y yo desde el 30 de septiembre el cual se encontraba justo frente a la escuela.

En este momento pasamos a *Modo Activo*. Digo esto porqué antes de esto veníamos en una suerte de pasividad, de dejarnos llevar por la corriente a ver a dónde nos llevaba. Después de lo sucedido comenzamos a tomar las riendas del asunto y empezamos a actuar acorde a derecho. Acudimos a la Junta de Conciliación y Arbitraje, que se encarga de mediar en este tipo de asuntos laborales y ahí presentamos nuestro caso. Ellos citaron al Sr. Director días después y se concilió un plan de pagos que tenía como plazo de inicio el día siguiente a esa cita y esto no fue cumplido, al ver el incumplimiento, nuestros destinos comenzaron separarse.

Eduardo acordó con el director un pago único que cubriese su boleto a San Luis Potosí para poder ir con Jenson y posteriormente regresar a Maracaibo. Dizzy se quedaría con la Sra. Cecilia y su familia. Aimée y yo seguiríamos en la vivienda que nos asignaron, pero ya en acuerdo directo con la dueña de la propiedad quien muy amablemente y posterior a escuchar lo sucedido, permitió que nos quedáramos en la propiedad sin tener que pagar renta durante el tiempo que necesitáramos para solucionar la situación y decidir qué hacer.

El incumplimiento de aquella conciliación nos daba el derecho de poder optar al inicio de un proceso de demanda, que, aunque era demorado, podía lograr que este señor al menos cumpliera con sus responsabilidades para con nosotros.

Durante el mes de diciembre de 2011 sobrevivimos gracias a la ayuda del departamento de Atención Ciudadana del Gobierno del Estado de Tamaulipas, quien se encarga (entre otras cosas) de ofrecer apoyo a familias en situaciones vulnerables. Nos dieron a cada uno un cheque por cinco mil pesos mexicanos, el equivalente a cincuenta dólares (aproximadamente), con lo que pudimos comprar comida, y tener para cualquier gasto imprevisto que se presentara durante ese mes. Además de esto, la titular de este departamento a quien recuerdo con mucha gratitud, nos dio un par de nombres e indicaciones para una posible ubicación en trabajos dentro del gobierno del Estado. Esto a la larga fue muchísimo más valioso que cualquier cantidad de dinero que pudieron darnos, sus palabras al ver nuestra vergüenza al recibir la ayuda fueron *"Esto no es nada en comparación a lo que este señor les está haciendo pasar. En nombre del Gobierno del Estado de Tamaulipas les pedimos disculpas"*. Esas palabras, aunque inesperadas, nos hicieron entender que no todo estaba perdido. Aunque el tamaño de mi vergüenza era equivalente a mi estatura, sentía que las batallas se ganan peleando, y que esa ayuda nos daba un respiro para poder seguir con nuestra lucha.

Nuestro primer invierno en Ciudad Victoria donde la temperatura puede bajar hasta cero grados centígrados; no teníamos ni calefacción ni calentador de agua. Nos bañábamos con *baldecitos* (como lo conocemos coloquialmente en Venezuela), recipientes de agua fría que intentábamos calentar con un dispositivo que conocí por primera vez México: una especie de resistencia que se conecta a la toma de corriente de ciento diez voltios y se mete en el recipiente con agua y este va calentando el agua desde el fondo hasta la superficie. La primera vez que Aimée me vio haciendo eso pensó que estaba intentando suicidarme. Tuve que leer las instrucciones al menos una decena de veces y llamar a conocidos mexicanos para consultar si realmente tenía que hacer lo que decía el manual de uso o si el manual solo aplicaba para intentos de suicidio...

No nos faltó la comida ni el abrigo, la Sra. Cecilia nos dio a cada uno una chaqueta y una cobija (en contra del nombre del siguiente capítulo, aún conservo esa chaqueta; no por apego, realmente es una chaqueta bastante caliente). Durante este invierno también conocimos las mundialmente famosas "Cobijas de San Marcos". La nuestra era un cobertor de dos metros de largo por dos de ancho, una mezcla entre cobija y alfombra con el estampado de un tigre. Nunca olvidaré el calor que nos regaló esa cobija y mucho menos olvidaremos a quien nos la regalo.

La Adaptación debe ir acompañada de un plan, un plan que nos sintamos capaces de cumplir. Nuestro error no fue la pasividad. En realidad durante estos meses hicimos un 'posgrado' en resiliencia y eso es ganancia. Nuestro error fue hacer un plan, pero no pautar plazos, un plan sin plazos es peligroso y arriesgado y más cuando se está a expensas de terceros quienes, aprovechándose de la disposición y la mejor actitud de quien recién emigra, sacará un beneficio de ello. No es una regla, pero tampoco es una excepción. La migración nunca debe ponernos en riesgo, siempre debe ser planificada, con estrategias y plazos.

3. DESAPEGO

Una de las formas más genuinas de la libertad, es *el Desapego*.

Esta fase del proyecto es quizás tan o más difícil que la anterior. Todo va a depender de que tan apegados hayamos sido en nuestra vida anterior a la migración. La superación de esta fase es imperativamente necesaria para avanzar hacia la última fase, *la Filiación*.

Sea algo tangible o intangible, podemos llegar a ser tan apegados con cosas (materiales), así como con relaciones, tradiciones, entre otras cosas que en el momento de que alguno de estos elementos falte en nuestras vidas, se genera un vacío e incluso una suerte de duelo. No quiero decir con esto que es malo que mantengamos tradiciones, relaciones o que tengamos cosas. Me refiero a que debemos saber identificar cuando conservamos algo material o cuando mantenemos algunas relaciones y/o tradiciones más por apego, que por el hecho de que es algo que genuinamente disfrutamos.

Nuestra primera navidad fuera de Maracaibo… creo que solo quien vive esto puede tener una idea de la sensación de vacío que genera la primera navidad en el extranjero. Esto hace necesario que hable sobre las navidades en Maracaibo para plasmar un poco el paisaje decembrino en la ciudad del "Sol Amada".

Cada ser humano en la bolita del mundo tiene un recuerdo especial de la navidad en su lugar de origen, una tradición o una costumbre específica. En Maracaibo se conjugan una serie de eventos que hacen que la tradición navideña marque la vida de cada marabino. Todo comienza con la Feria de La Chinita (patrona de la ciudad), pasando por los Amaneceres Gaiteros. En ellos las agrupaciones musicales regionales ofrecen conciertos desde la noche del 16 de noviembre hasta el amanecer del día 17 de noviembre. Y es que es el 17 la fecha en la que se celebra la festividad del Día de Nuestra Señora de Chiquinquirá "La Chinita", y con ello se marca el inicio de la navidad. Ya entrado diciembre las familias se reúnen en plena sala de la casa de cualquier tía para hacer las Hallacas (una variación del tamal mexicano en hoja de plátano) con la receta familiar. Teníamos las Misas de Gallo, evento reconocido incluso por El Vaticano como las únicas misas celebradas a las 6:00 am desde el día 16 hasta el 24 de diciembre. Los intercambios de regalos en Nochebuena mientras los primos jugábamos con estrellitas de bengala los más pequeños y los más grandes y osados explotaban fosforitos (un tubo de cartón comprimido de unos diez centímetros de alto por un centímetro de diámetro relleno con pólvora, en un extremo tenía un tapón plástico y al otro una especie de cerilla que el usuario podía encender frotándolo contra una lija o utilizando la parte lateral de cualquier caja de fósforos o cerillos, de allí su nombre. Al encender la cerilla este explotaba a los pocos segundos). La cena navideña; el plato tradicional venezolano que variaba según la región y según la familia, pero el más común: Las ya mencionadas Hallacas, Pernil (Pierna de Puerco), Jamón Ahumado, Ensalada de Gallina y Pan de Jamón. Esto por mencionar las tradiciones más comunes. Cabe destacar que incluso dentro de estas costumbres regionales cada familia tenía sus variantes dándole un toqué único a cada una de ellas, pero a la final formaban parte de un todo. Todo lo descrito hace que cualquiera que haya crecido en Maracaibo sienta una nostalgia enorme cuando pasa una navidad en tierras lejanas.

Aquellos días en Victoria me enseñaron que las tradiciones son etapas. Generalmente queremos que las tradiciones sean algo que perdure toda nuestra vida, pero aquí entendí que las tradiciones (en este caso las navidades) fueron algo que viví y disfruté mucho pero lamentablemente llegaban a su fin. Con el paso de los años fuera de Venezuela entendí también que las tradiciones las puedes ir cambiando y amoldando a tu realidad y hoy, aunque las navidades en mi familia (mi esposa y mis dos hijos) son muy distintas a cómo eran cuando yo era niño, las disfrutamos enormemente y es lo que mis hijos recordarán como sus tradiciones navideñas. Estoy seguro de que las atesorarán hasta que crezcan y ellos mismos creen entonces sus propias tradiciones.

Tuvimos la dicha de ser invitados a una cena navideña en casa de quienes se convertirían a inicios de 2012 en nuestros nuevos jefes. Una familia que nos abrió las puertas de su casa aquella nochebuena a cuatro grados centígrados. Nada parecido a los veinticinco o treinta grados que solía hacer en Maracaibo durante esas fechas y donde ya no se escuchaban gaitas si no villancicos mexicanos. No estuvimos solos, estuvimos en buena compañía, aunque el duelo era inmutable al recibir los mensajes de nuestras familias compartiendo sus fotos en la casa de la tía haciendo todo lo que describí en la página anterior. Y es que la intención de toda familia que tiene un miembro fuera del país en esta situación es naturalmente querer que te sientas incluido, que no olvides que aun formas parte de algo, y hacerte saber que, aunque físicamente no estás con ellos, tu esencia permanece. Lamentablemente la mayoría de nosotros sentimos lo contrario a esa intención y pasamos a recordar cuán lejos estamos y cuan ajenos ahora somos.

Al poco tiempo de ser despedidos de la escuela, Aimée y yo fuimos contratados por una academia de música conocida en la ciudad por ofrecer cursos en enseñanza de instrumentos a niños y adolescentes. Esto hizo que estuviésemos mentalmente más tranquilos, borraba un poco la incertidumbre generada por la situación vivida a inicios de diciembre, todo parecía estar fluyendo. Aimée sería la asistente administrativa de los directores de la academia y yo sería el maestro de Guitarra Clásica y posteriormente serviría de Asesor Académico desarrollando una Licenciatura en Ejecución Instrumental para esta academia.

SEGUNDO ASALTO

A inicios de año comenzábamos en nuestras labores, seguíamos viviendo en el departamento de escasos cincuenta metros cuadrados en el que vivíamos desde inicios de octubre. En aquel momento solo teníamos una mesa que usábamos como comedor y dos sillas plásticas, una "cocineta" de dos quemadores a gas, una cava (hielera) donde guardamos cosas que necesitaran frío, una cama matrimonial, una mesa de noche que hice con una silla vieja de madera que conseguí en la parte de atrás de la escuela y un closet portátil donde guardábamos parte de la ropa para que no se arrugara ¡Venga! ¡Pobres pero presentables!

La mayoría de las cosas fueron donaciones que hicieron los papás de quienes fueron nuestros estudiantes, donaciones que hicieron entre octubre y noviembre de 2011. Recordaré siempre y agradeceré siempre lo que cada uno donó. Primero porqué son gestos que se quedan grabados en el corazón y segundo porqué más adelante tuve que explicar la procedencia de cada una de las cosas.

Tenía más cosas en el cuarto del apartamento donde crecí que en lo que tenía en todo ese departamento y ojo, no acudiré al discurso de muchos paisanos *"es que yo en Venezuela estaba cómodo, no me faltaba nada"*. En mi país natal yo no estaba "cómodo", por ejemplo, no podía pagar un alquiler (una renta). En los últimos años no podía optar a comprar un carro porque mi ingreso estaba por debajo de lo que cualquier banco exigía para otorgar un crédito de ese tipo. Estaba restringido por muchas vías, pero inmaduro aun, sentía duelo por las -pocas- cosas que tenía. Por otro lado, sentía gratitud porqué en el fondo sabía que estaba en el punto de partida, esa sensación de que todo iba a estar bien y que vendrían cosas buenas para nosotros.

El 5 de enero de 2012, el segundo día de trabajo en la academia, ya listo con mi atuendo acostumbrado para aquellos días cuando aún me vestía "de profesor" (con pantalón de vestir y camisa abotonada), sentado en aquel comedor improvisado y repasando mi plan de clases para el día escucho que tocan la puerta del departamento, me acerco a la puerta y al preguntar:

- *"¿quién es?"* se presentan dos hombres con un tono de voz que uno solo piensa que utilizan los policías en las películas.

- "*¿Usted es Gustavo Parra?*",

-"Sí". Respondí.

-"*Somos de la Ministerial y venimos porqué ustedes fueron acusados por el delito de hurto de propiedad ajena. Si tienen pensado salir del país sepan que no lo pueden hacer hasta que se hagan las investigaciones pertinentes*". Mi mente se apagó y se encendió como cuando un computador se sobrecarga y se reinicia de manera automática. Luego comencé a sudar frío y todo esto sucedía mientras Aimée a mi lado vociferaba cualquier cantidad de cosas a un ritmo de siete u ocho palabras por segundo. Yo pasé a estar en una especie de segundo plano, esos momentos en los que uno puede verse como si todo fuese una proyección en una pantalla y uno es un espectador.

Cuando -al fin- volví en mí, luego de lo que parecieron diez minutos pero que en realidad solo fueron treinta segundos, nos informaban que el Sr. Director de la escuela había interpuesto una denuncia donde alegaba que las cosas que teníamos (la cama, la cocineta y la mesa que utilizábamos para comer) fueron robadas a su persona por parte nuestra y que la instrucción de ellos era recuperar esas cosas ese mismo día. Luego citarnos a la agencia del ministerio público con fecha y hora específica, se retiraron informándonos (demandando) que no debíamos ausentarnos del departamento ya que ellos regresarían esa misma tarde por las cosas…

La sensación pasó a ser de desolación, lo primero que pensamos fue: '¡Ya! ¡Nos regresamos! ¡No tenemos por qué aguantar tanto!'. Por otro lado, teníamos una prohibición no oficial de salir del país. El Ministerio Público en México se encarga de los procesos penales y de hechos criminales, en este caso la denuncia fue a nivel estatal por ser una denuncia de un delito menor. Nosotros pasamos a ser delincuentes por dar uso a cosas que nos habían sido donadas. En ese momento entendimos que empezaba una declaración de guerra, de esas guerras en las que solo quiere pelear uno de los oponentes y donde el bando más débil responde solo de manera defensiva y con pocas fuerzas.

Yo estaba ausente en mi segundo día de trabajo, Aimée ausente del trabajo en el que apenas tenía una semana de haber iniciado, tocaba llamar a los jefes y explicar la situación. Aunque ellos estaban enterados de todo lo sucedido no pensaron que las cosas llegarían a ese nivel de gravedad.

Al caer la noche, en efecto y como lo anunciaron, los dos agentes ministeriales regresaron con una camioneta para recoger las cosas. Esa noche intentamos dormir en un colchón inflable que nos prestaron, intentamos, pero en realidad no dormimos. Nuestras cabezas no pararon de pensar como alguien era capaz de semejante acto y pensábamos en las soluciones. Aparte de los nervios de que te acusen de algo así en el extranjero. Palabras sabias de la abogada Pamela Celedón durante su entrevista en el podcast *"Un ciudadano bien informado jamás será avasallado"*. Nuestro miedo y nuestra ignorancia de las leyes nos hacía sentir todo ese cúmulo de emociones y el sentir que llevábamos todas las de perder.

El 9 de enero (tal y como nos fue indicado en el citatorio) acudimos al Ministerio Público, luego de esperar un par de horas nos atendió una abogada de oficio quien tenía nuestro caso y a quien asignaron también para que tomara nuestras declaraciones. A medida que íbamos narrando lo sucedido desde que llegamos a Ciudad Victoria la abogada rotaba sus gestos, pasaba de abrir los ojos con asombro a mover la cabeza de un lado a otro con un mudo *"¡No puede ser!"*. Luego de escuchar y transcribir toda la declaración hubo un silencio incómodo, un suspiro profundo y la afirmación:

- *"esto no es robo, todo esto viene porque ustedes están demandando por lo laboral y de esta manera ese señor los está presionando para que retiren la demanda laboral. Este caso lo va a escuchar la titular de la oficina y ella dirá lo que procede"*.

Nunca olvidaré la expresión de la titular un par de minutos después cuando leyó (delante de nosotros) toda la declaración; con su acento norteño exclamó:

- *"¡¡pero qué chin…!!"* acompañado de la sucesión de palabras más hermosas que pude escuchar en semanas: *"Ustedes no se preocupen, esto no va a proceder"*.

Mientras nosotros pasábamos por todo este trance, por las redes sociales de la academia donde trabajábamos se difundió todo lo que estaba sucediendo con nosotros y los allegados a la academia hicieron donaciones que iban desde comida, platos, vasos, tenedores hasta artículos para la cocina, entre otras cosas que -para nosotros- eran valiosísimas. No por su valor monetario si no porque era una manera de la vida de recordarnos que no estábamos solos.

Esto generaba una multitud de sentimientos encontrados. Por un lado nos sentíamos agradecidos por las muestras de apoyo de la gente para con nosotros, por otro lado la indignación y la rabia no cesaban. Ese nivel de indignación que hace que vivas perennemente con la garganta seca y un nudo en el estómago. Dentro de mí sabía que debía pasar de *modo activo* a *modo agresivo*. No me refiero a la definición literal de agresividad, aunque debo confesar que en realidad lo que me provocaba era gritar, llorar o ir a la casa de este tipo a cantarle el abecedario completo (y más). Pero, sentía que debía responder de forma inteligente y fría ante esta nueva agresión por lo que diseñamos un plan de acción, ahora con plazos.

El Plan de Acción se traducía en:

A. Mudarnos del departamento donde vivíamos en el lapso de una semana, ya que, mientras siguiéramos en ese lugar seguiríamos siendo presa fácil.

B. Regresar absolutamente todo lo que tuviésemos en nuestro poder que tuviese que ver con la escuela durante el día siguiente; desde hojas de papel y libros hasta lápices o cualquier otro tipo de material de trabajo que la escuela nos hubiese proporcionado para evitar que nos acusaran de hurto también por ello y

C. Acudir a la Comisión Nacional de Derechos Humanos a presentar nuestro caso antes de que terminara el mes de enero.

A. La Mudanza

A los pocos días del evento nos mudamos del departamento, aquel nido que nos cobijó durante cuatro meses y que fue testigo de *"todas mis angustias y de todos mis quebrantos"* (como dice el bolero "Usted Es La Culpable" de José Antonio Zorrilla). Cincuenta metros cuadrados cargados con cuatro meses de aventuras y desventuras de dos venezolanos que buscaron crecimiento y encontraron quimeras. Era el fin de una etapa y el inicio de una nueva. Ya han leído esto varias veces, lo sé, pero esta sensación es muy común tenerla -al menos- unas diez veces en los primeros tres meses luego de haber migrado.

Al momento de empacar teníamos una gran ventaja a nuestro favor, todo fue tan fácil como cerrar las maletas (que desde septiembre no desarmábamos completamente), vaciar el colchón inflable, desarmar la mesa plástica, el closet portátil, y listo, todo el proceso de mudanza no duró más de dos horas. Arribábamos aquel fin de semana a lo que sería nuestro refugio durante los siguientes cinco meses; un departamento que estaba casi escondido, este era el penúltimo departamento en una vecindad que contaba con ocho o nueve departamentos. Hasta ese momento pensaba que las vecindades solo existían en las novelas mexicanas o en las series de televisión que veíamos cuando éramos niños, pero no; esta cumplía con todas las características. Desde la calle se dejaba ver un corredor de unos veinte metros de largo por dos de ancho, en la entrada del corredor estaba el departamento de la dueña de la propiedad, La Sra. Tulia; Dios bendiga a la Sra. Tulia. Una señora alta de tez clara, cabello corto y lentes, la energía que irradiaba era la de alguien que estaba sediento por ayudar. Ella ya sabía gran parte de lo sucedido y por ello accedió, de la manera más generosa, a rentarnos el departamento a un costo menor de lo que usualmente cobraba y sin pedirnos depósito.

Llegamos aquel domingo soleado y Doña Tulia, junto con su perrita llamada "Petite", salió a recibirnos y a entregarnos las llaves mientras nos daba el respectivo *tour*. El corredor a cielo abierto recorría las puertas tanto del lado derecho como de lado izquierdo las cuales daban acceso a las viviendas de nuestros nuevos vecinos. Algunos sentados fuera de sus departamentos como quien está "sentado en el porche" (como dicen en Venezuela), nos saludaban muy gentilmente. Aimée siempre dice que es muy usual que en los momentos en los que nosotros (seres humanos) sentimos cierto nivel de tranquilidad, de la nada, somos capaces de autosabotearnos, ella le llama "Andamiaje de Pobreza". La sensación ese día era "Aquí estaremos seguros…" pero simultáneamente mi mente comenzaba a buscar cada defecto minúsculo con una intención enfermiza de aplacar mi propia sensación de bienestar y podía escuchar claramente a mi propia voz que me repetía "Gustavo, es una vecindad…"

Pasé por lo que los psicólogos catalogan como las Cinco Fases del Duelo: *Negación, Ira, Negociación, Depresión y Aceptación.*

Negación; en aquel momento no apreciaba lo bueno que nos estaba pasando, la gente que nos estaba tendiendo la mano, el no estar solos, no estar expuestos, entre otras cosas. Se me hacía más fácil (aunque no lo más sano) enfocarme en lo negativo. No veía un lugar donde estaríamos bien resguardados mientras comenzábamos en forma a hacer lo que fuimos a hacer a *Vicky Ranch*, hacer vida, aportar, ser miembros activos de la sociedad, etc. No, mi cabeza veía aquella vecindad como un lugar en el que sentía que estaba escondido como quien había hecho algo malo y no lo aceptaba. Pensaba que todo era mentira y que eso no nos podía estar sucediendo a nosotros.

Ira: La noche de ese domingo pasé de la Negación a la Ira. Empecé a vociferar cuanta grosería venezolana me sabía, las mentadas de madre eran poesías en comparación a la cantidad de cosas que decía en aquel departamento mientras lloraba a cántaros. Aimée a mi lado muda solo me agarraba por los hombros, entendía que mi molestia no era con ella, era con toda la circunstancia. Me quedé dormido exhausto de tantas lágrimas y con al abdomen cansado de tantas contracciones que da llorar con ganas y maldecir con prisa.

Negociación: El Lunes desperté temprano, con una sensación como de despecho; me senté a hablar con Aimée (ya más calmado) y le dije algo que hasta el sol de hoy es uno de mis mantras favoritos "*¿Sabes qué? esto es pasajero*". En la vida todo es transitorio, hasta a los tragos más amargos se les vence su sabor con el paso del tiempo. "En menos de seis meses nos estaremos mudando de aquí, en el fondo sé que nos irá bien" cerré.

Aceptación: Una de las ventajas que tiene la migración es que la depresión creada por cualquier tipo de duelo es un lujo que no cualquier migrante puede costear. Pasé por todas las fases del duelo en menos de cuarenta y ocho horas. Esa mañana fría luego de hablar con Aimée, ella salió temprano en la mañana a la academia a cumplir con sus labores. Su trabajo era de tiempo completo y el mío era a tiempo parcial, solo en las tardes de 4:00 pm a 9:00 pm, la hora en la que iban los niños (después de la escuela regular) a recibir sus clases de música. Poco después de que Aimée saliera, me disponía a tomar un baño y pude experimentar lo más hermoso que me había sucedido en los últimos cuatro meses: abrir una regadera y que de ella saliese agua caliente ¡¡Agua caliente!!

Empecé a reír, a celebrar y a llorar de alegría, los baldecitos pasaron a ser historia y el hijo de José Parra y Kenia Acurero parecía un loco en ese baño aplaudiendo por poder disfrutar un fenómeno tan poco apreciado por muchos como lo es tener una regadera de donde salga agua caliente. Para el final de esa semana vivimos lo más parecido a una vida normal, íbamos a trabajar, íbamos al supermercado, organizábamos el departamento, lo que hace cualquier familia normal y que para nosotros parecía algo lejano. Al fin comenzábamos a sentir que formábamos parte de una dinámica familiar, laboral, etc. Sin descuidar el plan de acción de minuciosamente habíamos diseñado.

B. Regresar absolutamente todo lo que tuviésemos en nuestro poder que tuviese que ver con la escuela.

Antes de la mudanza reunimos una lista de artículos que teníamos en nuestro poder que fueron proporcionados por nosotros por parte de la escuela, estos no fueron mencionados en la denuncia hecha por el Sr. Director pero igual, acordamos regresar todo para evitar una nueva denuncia. Estos artículos iban desde lápices hasta hojas de trabajo, listados de estudiantes, un par de libros, el juego de sabanas que usábamos en la cama que se llevó la policía junto con un cobertor y la hielera que nos sirvió de refrigerador durante un tiempo, juiciosamente pusimos todo en cajas y las dejamos en nuestro anterior departamento con instrucciones claras para la dueña de que por favor las regresara al Sr. Director.

C. Acudir a la Comisión Nacional de Derechos Humanos a presentar nuestro caso.

Dizzy desde su trinchera, insistía frecuentemente en acudir a la CNDH. "*Loco, vi en televisión que ellos están muy pendientes de casos como el de nosotros*" repetía insistentemente. La noche del 9 de enero de 2012 durante una hora libre en la academia decidí llamar a la línea de ayuda del CNDH. El nombre de la persona que muy amablemente atendió la llamada lo omitiré por respeto y le llamaré Comisionado. Tuve que repetir toda la historia un par de veces porqué el comisionado intentaba entender todo lo sucedido para buscar de qué manera la comisión podía ayudarnos. La hora libre se convirtió en dos horas y luego de la deliberación individual del comisionado este me dice:

-"*Sr. Gustavo, lo de ustedes se perfila como un posible caso de Trata de Personas*". Luego empieza a hacer preguntas de rigor para estos casos: "*¿Fueron privados de libertad o secuestrados?*" "*¿Trabajaban por voluntad propia o eran obligados a ello?*" entre otras preguntas. Lo que más pesaba en este caso era el hecho de que estuvimos trabajando sin recibir ningún tipo de remuneración.

-"*El procedimiento será el siguiente*", indicó el Comisionado. "*En el transcurso de las siguientes dos o tres semanas se pondrá en contacto con ustedes un comisionado de la CNDH de la ciudad de Reynosa, quien se pondrá de acuerdo con ustedes para ir a Ciudad Victoria y acompañarlos, a usted y a su esposa y a su compañero a la sede de la Procuraduría General de Justicia (PGR) para ofrecer declaraciones e introducir la demanda por el presunto Delito de Trata de Personas.*"

A pesar de tener poco tiempo en México hay tres siglas que para cualquier persona con mucho o con poco tiempo en el país, propio o extranjero poseen un poder inmensurable:

o SAT (Servicio de Administración Tributaria = Impuestos),

o ALV (manera de abreviar una expresión coloquial y vulgar en México, la cual, es comúnmente usada en Maracaibo. En México la expresión es tan fuerte que quienes osan a usarla prefieren hacerlo a través de esta abreviatura cuando la escriben), y

o PGR (Procuraduría General de la República).

Durante la tarde del 7 de febrero de 2012 me llamó el comisionado de Reynosa informándome que iría el día 8 de febrero a Ciudad Victoria junto con un compañero, que tenían la dirección de la sede de la PGR y que el tiempo estimado para su llegada era a las 10:00 am. Calculamos el tiempo que nos tomaría llegar en autobús para llegar con cierta antelación. Tardamos aproximadamente cuarenta y cinco minutos. Era la primera vez que recorríamos aquella zona de la ciudad y de hecho, era la primera vez que hacíamos un recorrido en autobús tan largo en Ciudad Victoria. Llegamos hasta los límites del norte la ciudad y nos presentamos en la sede de la Procuraduría General de la República Aimée, Dizzy y yo. Allí presenciamos una escena que cayó como un "baño de realidad" de lo que era la situación de inseguridad que atravesaba no solo Ciudad Victoria si no el estado de Tamaulipas…

Desde que llegamos a la ciudad se escuchaban historias sobre los enfrentamientos entre carteles y entre carteles y militares. En aquel momento era bien sabida la presencia de grupos de la delincuencia organizada en la ciudad, específicamente del Cartel de *Los Zetas* y el *Cartel del Golfo*. Esto nos generaba cierto temor, pero quienes vivían allí siempre nos decían: "*Mientras uno no esté metido en las cosas ellos o uno no esté en algún lugar donde coincidan bandos contrarios no hay problema…*" Desde nuestra llegada en 2011 nos habíamos movido dentro de la ciudad a pie en la zona del centro de la misma y nunca habíamos presenciado enfrentamientos, ni habíamos sido víctimas de asaltos, robos o nada parecido. Esto nos daba cierta sensación de seguridad, pero al momento de llegar a la sede de la PGR entendimos que no estábamos en un lugar seguro.

La puerta de acceso principal a la sede de la Procuraduría General de la República en Ciudad Victoria estaba precedida por doce escalones. Antes de estos escalones se encontraba una explanada precedida a su vez por otros dos escalones. Luego una acera (banqueta) que limitaba con un pequeño estacionamiento de unos trescientos metros cuadrados aproximadamente. Este estacionamiento estimo que estaba diseñado para unos ocho puestos y, a medida que uno se acercaba a la sede, lo primero que se veía era dicho estacionamiento. El espacio diseñado para ocho puestos albergaba unos dieciséis o veinte carros en una suerte de apilamiento, la mayoría de ellos estacionados de retroceso (supongo porqué fueron arrastrados con grúas) y cada uno de los carros tenía los vidrios rotos, abolladuras, etc. Al irnos acercando más el panorama iba recrudeciéndose. Los carros estaban llenos de agujeros de balas en los vidrios y algunos otros carros tenían orificios (también de balas) en los costados, al frente y en la parte posterior de los mismos y los interiores de estos, estaban llenos de ese color marrón claro en el que se torna la sangre cuando es expuesta de manera prolongada al sol. Recuerdo haber volteado a mirar a Dizzy quien solo tragaba grueso mientras miraba espantado el escenario; "*¿Brother, estás seguro de que es aquí?*" preguntó con la voz resquebrajada, yo solo asentí con la cabeza y con cara de asombro.

Una vez adentro nos acercamos a la taquilla de información, donde nos recibió la recepcionista quien preguntaba el asunto por el cual estábamos ahí. La instrucción del comisionado que venía de Reynosa fue que, si llegábamos primero que ellos, les esperásemos y no diéramos mayores detalles del motivo de nuestra visita hasta tanto ellos estuviesen presentes.

Ella nos pidió que tomáramos asiento mientras esperábamos la llegada de los comisionados.

Tal y como lo dijo el comisionado vía telefónica el día anterior, a las 10:00 am llegaron. Eran dos comisionados cada uno con una chaqueta azul con la imagen institucional de la CNDH del lado izquierdo. Del lado derecho el logo distintivo del gobierno federal y al costado derecho de la chaqueta la bandera mexicana de unos cinco centímetros de alto por ocho de ancho, algo que distingue a todo uniforme de gobierno en México, sea federal, estatal o municipal (en cualquiera de los estados).

Se acercaron a estrecharnos las manos y acto seguido nos mostraron sus identificaciones y se presentaron con sus nombres y apellidos junto con la debida explicación del procedimiento:

"De parte de la Comisión Nacional de Derechos Humanos de la República, estamos aquí para acompañarlos. El procedimiento será el siguiente; ustedes dirán que vienen a introducir una denuncia por el presunto delito de Trata de Personas, que por cierto debo informarles que es la primera denuncia de este tipo en el estado de Tamaulipas. Nuestra presencia aquí es únicamente en calidad de acompañantes mientras ustedes rinden sus declaraciones sobre las cuales se basa la denuncia." La manera más gráfica de describir lo que estaba pasando en por mi cabeza en aquel momento, era algo así como el video de los niños argentinos que aparecen sobre un techo de madera y comienzan a grabar mientras uno de ellos exclama "¡Esto se va a descontrolar!" y segundos después el techo colapsa… Algo así (pero sin el techo colapsando).

Terminado el introito nos acercamos con la misma recepcionista quien nos recibió temprano esa mañana ya para informarle de manera más precisa a lo que íbamos. *"Vienen a hacer una denuncia por el presunto delito de trata de personas"*, afirmó el comisionado con voz fuerte y clara al ver nuestro estado de ansiedad explicando a la recepcionista a lo que íbamos.

Tomaron nuestros datos y cada uno, con pasaporte en mano, pasamos a una sala. Aunque estábamos en la misma sala cada uno se sentó en escritorios distintos con una persona al frente, sentada en un computador tomando al pie de la letra cada palabra de nuestra narración acerca de lo sucedido. El primero en la sala era Dizzy, luego le seguía Aimée y yo estaba de último, cada uno daba la espalda al otro. Los comisionados estaban presentes en la sala escuchando también y verificando que cada palabra coincidiese con lo que estaba siendo tomado en la declaración por escrito. Ellos iban de un lugar al otro a donde estábamos cada uno.

Era un tanto incómodo ver como el escribiente demostraba sus reacciones de asombro ante mi relato, cada cierto tiempo hacíamos pausas para repasar el hilo de la narración de los hechos. Cuando leía todo en voz alta parecía que cada palabra fuese directamente a mi estómago a golpearme. La sensación no era agradable.

Cercano a las 12:00 del mediodía entró repentinamente a la sala el encargado del departamento de la Procuraduría en donde estaban tomando nuestras declaraciones. Este tenía toda la pinta de detective de televisión; gabardina negra hasta las rodillas, en su cinturón llevaba una placa dorada (como la que usan en las películas) y de tez morena con bigote grueso. Con el acento norteño «golpía'o» y mirando a los comisionados con cara de extrañez preguntó:

- *"¿Y ustedes por aquí qué o qué?"*. El comisionado que se encontraba más cercano a mí se puso de pie y su energía fue acorde al pseudo saludo recibido:

- *"Venimos en representación de la Comisión Nacional de Derechos Humanos en calidad de acompañantes a los ciudadanos venezolanos aquí presentes entablando la denuncia por el presunto delito de Trata de Personas, La Primera Denuncia presentada en todo el estado"*. Sr. Gabardina dejó escapar un bufido. Luego leyó parte de mi declaración y con tono soberbio dijo:

-*"Ustedes no tienen que estar aquí, esto es laboral y corresponde a la Junta de Conciliación y Arbitraje"*. El comisionado ahora con más firmeza respondió:

- *"Ya ellos fueron a la Junta y la demanda fue introducida acorde al debido proceso, pero aparte de eso a ellos los trajeron engañados, nos les pagaron, no les dejaron formas de regresar a su país y aparte la Ministerial se acercó a su casa por una denuncia que también los priva de regresar a su país, esto tiene el perfil de Trata de Personas, dejemos que sea la instancia quien decida"*. Don Bigotes frunció el ceño, salió de la oficina y nosotros seguimos rindiendo nuestra declaración.

A las 3:30 pm terminamos de declarar, cada uno procedió a firmar su declaración y a dejar copia de la identificación. Los comisionados se despidieron luego de informarnos que quedaba de parte de la comisión hacer seguimiento a la denuncia ya introducida en la PGR.

Esa tarde cada uno se retiró a sus aposentos, satisfechos porqué habíamos cumplido con los tres puntos del plan de acción que diseñamos hacía un mes. Las demandas tanto en conciliación como en la PGR nos resguardaban. De ahí en adelante si cualquier cosa llegase a sucedernos teníamos como probar que ya habíamos hecho denuncias. Esto provocó que llamáramos la atención de varios medios, los medios quienes nos entrevistaron en nuestra llegada ahora nos entrevistaban al ver el desarrollo de los acontecimientos.

En una semana tuvimos tres entrevistas. Ahora los titulares no eran *"Venezolanos llegan a Escuela en Ciudad Victoria para enriquecer el nivel musical de la ciudad*" sino "*Venezolanos en Ciudad Victoria son tratados como Esclavos*". Y titulares de similar color.

PRIMERA SDR (SITUACIÓN DE RIESGO)

La vida transcurría en lo que se puede considerar como un estilo de vida más normal. Nosotros cumplíamos con nuestras labores y, por indicaciones de la titular de la Oficina de Atención Ciudadana, tanto Dizzy como yo recorrimos en el transcurso de los meses de enero y febrero varias oficinas de Gobierno del Estado donde pudieran estar interesados en nuestros servicios. Pasábamos horas sentados en la recepción de la Secretaría de Educación, y demás entidades de gobierno. Para cada entidad teníamos un proyecto distinto que presentar y estos eran siempre bien recibidos por parte de cada titular de cada oficina. Siempre nos recibieron y nos escucharon, ya era bien sabido en gobierno del estado lo sucedido con nosotros. Por un lado, sentíamos que nos escuchaban por lástima, pero una vez presentábamos nuestras hojas de vida y nuestros proyectos era visible en la cara de los oyentes el cambio de actitud y las muestras de interés.

Siempre me llamó la atención el detalle de los uniformes de gobierno del estado, eran vistosos, parecidos a los de los comisionados de la CNDH. Las camisas blancas muy vistosas, con sus logos y el detalle de la bandera de México en el brazo era tan llamativo… Dizzy y yo fantaseábamos "*¿te imaginas cuando usemos esas camisas?*" Todo apuntaba a ello, pero las esperas eran largas y agobiantes. Tuvimos mucho contacto con el Secretario Particular del Secretario de Educación del Estado de Tamaulipas, cada vez que íbamos nos dedicaba tiempo suficiente para dirigirnos a algún departamento específico y nos daba nombres de los titulares acompañado de un "*digan que van de mi parte*". Eran palabras mágicas, esto hizo posible que nos abrieran muchas puertas. Nunca me faltarán las palabras de agradecimiento para con ese muchacho. Nuestras mañanas las dedicábamos a eso y en las tardes yo cumplía con mi horario de clases en la academia de música.

Durante la tarde del 24 de febrero Aimée y yo estábamos en nuestras respectivas labores en la academia de música y tuvimos otro baño de realidad.

Eran aproximadamente las 5:30 pm, yo estaba a la mitad de mi segunda clase de la tarde cuando a lo lejos se dejaba escuchar lo que parecía un martillo hidráulico como el que se usa en las construcciones para romper el concreto. En aquel momento justo al lado de la academia construían una plaza comercial y pensé "Si esto será toda la tarde será complicado poder dar clases así…"

A los pocos segundos el sonido iba siendo más y más fuerte, al punto que tuve que salir del salón con intención de hablar con el director quien era también maestro de Piano y cuya clase tenía lugar en la sala continua a mi salón de clases. Al salir los niños de la clase de piano estaban acostados boca abajo con las manos en la cabeza y a los lejos escucho al director gritar una frase que desde ese momento se quedó impresa en mi mente *"¡¡Gustavo PECHO TIERRA!!"* gritaba mientras ondeaba su brazo mientras apuntaba al piso con su mano. Era la primera vez que escuchaba esa frase y confundido por todo el escenario, mirando a todos lados, en mi mente todo pasó a moverse en cámara lenta mientras el director me seguía gritando *"¡¡GUSTAVO, TÍRATE AL PISO QUE SON BALAZOS!!"*.

Lo que pensaba que era un martillo hidráulico resultó ser el sonido que produce un rifle de asalto al ser accionado. Mi reflejo natural; tirarme al suelo cubriéndome la cabeza mientras gritaba:

- *"¡¡Aimée!! ¿Dónde está Aimée?"* y el profesor tratando de calmarme, me decía ya con voz más suave:

- *"Tranquilo, tranquilo. Ella está en la oficina con mi esposa"*.

Nuestra primera "Balacera" en Ciudad Victoria… Vaya experiencia. "Balacera", "Pelotazos", "Cuetes", "Madrazos", "Fuegos Artificiales", "Evento", "Situación de Riesgo" y demás expresiones usadas por los locales para describir este tipo de eventos.

Cuando se dejó de escuchar el sonido de disparos fui corriendo a donde estaba Aimée y su palidez alumbraba la oficina entera. Mi sensación física más notoria era el frío, acompañado de sudoración y la boca seca. El director se acercó preguntando *"¿Están todos bien?"*, y luego pasó por todos los salones verificando que tanto alumnos como profesores estuviesen bien. El silencio en aquella casa de más de siete habitaciones en dos plantas, convertida y acondicionada para servir de academia de música era petrificante. No se oían los incesantes sonidos de percusión. No se oían los niños cantando. No se oían las guitarras, ni los pianos y violines sonando. Todo era silencio. Un silencio que se prolongó por unos quince minutos.

Al pasar los minutos algunos papás fueron por sus hijos, preocupados por su bienestar, el resto de los niños seguían en sus clases como si nada hubiese sucedido. En la academia todo volvió a la normalidad en menos de una hora. Yo, por mi parte, seguí temblando y no pude enfocarme en mis actividades.

Cómo se desencadenan la mayoría de estos eventos en la ciudad y en gran parte del estado.

En Ciudades como Ciudad Victoria es usual ver varios tipos de cuerpos de seguridad pública haciendo patrullaje. Militares, Policías Estatales, Policías de Tránsito y (cuando la cosa está complicada y hay muchos enfrentamientos) también La Marina. La mayoría de las patrullas de los Militares, Policía Estatal y Marinos son camionetas pick-up de doble cabina. Estas tienen en la parte de atrás un marco formado con tubos de metal, que forman un cubo que rebasa el techo de la camioneta por medio metro o más. En medio de la caja se encuentra un banco. Usualmente en este tipo de patrullas van cuatro oficiales en la parte trasera y cuatro en la cabina, en el banco van sentados tres oficiales equipados con rifles de asalto y el cuarto oficial va de pie en posición de tiro sobre uno de los extremos del banco. Es decir, va con el rifle apuntando hacia el frente, listo para cualquier eventualidad.

Entonces, es así cómo se desencadenan la mayoría de estos eventos:

1. La patrulla 'marca el alto' a cualquier vehículo que parezca sospechoso, bien sea por el hecho de portar vidrios ahumados (polarizados) muy oscuros o por cualquier otro aspecto que sea visible desde la patrulla.

2. (Cuando) El vehículo sospechoso hace caso omiso, aumenta la velocidad buscando huir de la patrulla.

3. (En esta parte puede haber variaciones) Algún pasajero del vehículo comienza a disparar hacia la patrulla y ahí comienza una persecución de alta velocidad y fuego cruzado.

Desde el sexenio del expresidente Felipe Calderón (2006-2012) con la declaración de la Guerra Contra el Narcotráfico, cualquier corporación de seguridad pública en México que se vea en este tipo de eventos no busca detener y apresar. Ellos tienen la instrucción de *"Tirar a Matar"*. Los disparos por parte de la fuerza pública no son defensivos, pasan a ser ofensivos ya que la situación es matar o morir.

Esa tarde nuestra perspectiva cambió. Desde ahí en adelante nunca más volvimos a ver la ciudad de la misma manera. Nuestro consuelo era *"Bueno, en Venezuela el objetivo es uno, aquí la cosa es entre ellos."* Pero, aunque era un punto válido, no nos hacía sentir realmente tranquilos. El *shock* duró un par de días, salíamos solo a lo estrictamente necesario.

Quienes vivimos este tipo de situaciones sufrimos lo que los psicólogos llaman 'Estrés Postraumático'. La sensación de ansiedad era perenne. Cualquier sonido parecido a un disparo nos generaba nervios, sudoración y temblor. Luego de este primer evento estuvimos en este estado de alerta durante una semana aproximadamente. Debo confesar que aun cuando recién llegaba a los Estados Unidos, (durante los primeros tres meses) escuchar sirenas de ambulancias o bomberos disparaba mi ansiedad. Llegaba a un punto que perdía el control de mí mismo y debía estacionar, calmarme para poder seguir manejando. Si estaba en la casa trataba de quedarme en silencio como *en modo de espera* a ver si escuchaba disparos.

Dejamos de caminar con la misma tranquilidad que lo hacíamos desde septiembre hasta diciembre de 2011. Nos sentíamos en la mira del Sr. Director. Sentíamos que vigilaba cada paso que dábamos. Esto más el hecho de que estábamos siendo investigados por los policías ministeriales y ahora se sumaba el hecho de que estábamos en una ciudad donde había este tipo de enfrentamientos. Como pasa en las películas, para nosotros la ciudad ya no tenía el mismo brillo. Incluso, de repente veía sus paisajes con tonos distintos. Es impresionante cómo puede cambiar la manera de ver un lugar. Es como quitarse unos lentes donde todo era bonito, colorido y ponerse otros que hace que de repente solo ves grises.

TERCER ASALTO

Para este momento nuestro permiso para la permanencia legal en el país ya estaba a punto de caducar. Cabe destacar que parte de la oferta contemplada en el contrato que recibimos en 2011 por parte de la escuela y del Sr. Director, era que la escuela se encargaría de todos los trámites concernientes con migración. Obviamente eso nunca sucedió. Nosotros nos hicimos cargo junto, con nuestro jefe en ese momento, de hacer los trámites con migración. Por fortuna la academia en la que ahora trabajábamos ya había tenido profesores extranjeros en su plantilla y esto hacía que para ellos fuera familiar todo el proceso ante migración.

El director de la academia y su esposa fueron claves para nuestra permanencia en México y eso siempre lo agradeceremos. Nunca dudaron en apoyarnos. Aun en la actualidad reflexiono si esto fue más por el hecho de que la escuela con la que trabajábamos inicialmente era competencia de esta academia y el ayudarnos era una manera de la directiva de esta de mostrar superioridad en esa competencia. O si realmente fue un acto genuino de generosidad de esos que con el paso del tiempo poco se ve. Sea cual haya sido la razón estaré siempre agradecido con el profesor, el pianista, el director, el jefe y el amigo que la vida nos puso en el camino en ese momento.

Hicimos todos los trámites con migración sin problemas. Tanto Aimée como yo teníamos todo en orden, y a inicios de marzo de 2012 ya teníamos tarjeta de residencia. La sensación de tranquilidad por ese lado era incomparable, e iba acompañada de una gran sensación de bienestar y esperanza. A pesar de todos los tragos amargos sentíamos que las cosas iban marchando en pro de nuestros planes. Solo queríamos hacer lo que fuimos a hacer a México, hacer las cosas bien, salir adelante.

Una tarde mientras nos alistábamos para ir a trabajar, nos terminábamos de vestir cuando repentinamente tocan la puerta del departamento. El toque de puerta se sentía con cierta urgencia y firmeza. Podíamos contar con una mano quienes sabían que nosotros vivíamos allí y ni la hora ni el tipo de toque era usual al de las personas que iban a visitarnos. Me acerqué a la puerta con cautela y al preguntar quién era, la respuesta que recibí fue la de una voz femenina quien fuerte y clara dijo: *"Instituto Nacional de Migración; por favor abra la puerta"*. Volteé a mirar a Aimée y en mi mente -todavía ingenua- pensé «¿será que vienen a traer algún documento que nos faltó?» Aunque usualmente para esto llaman y aparte teníamos la comunicación abierta con las agentes de migración con quienes hicimos el trámite. Estas casualmente también eran mujeres, por lo que no se hizo extraño escuchar una voz femenina, aunque no era familiar.

Al abrir la puerta eran dos agentes, una mujer y un hombre. Ambos iban vestidos con uniformes distintos a los que estábamos acostumbrados a ver en los agentes de migración que están en los mostradores de las oficinas locales del Instituto Nacional de Migración (INM), en los puestos de migración de los aeropuertos, etc. Estos (en aquellos días) utilizaban una camisa azul celeste con pantalón azul. El uniforme de estos agentes (quienes ya estaban dentro del departamento en ese momento) parecía de policía; playera estilo polo azul oscuro con todos los logos institucionales, en el pecho reposaba una cadena con una placa como la que usan los policías y pantalón tipo cargo azul oscuro.

-*"¿Solo están ustedes dos?"*. Preguntaron.

-*"Sí; mucho gusto, mi nombre es Gustavo Parra, ella es mi esposa Aimée López ¿En qué les puedo ayudar?"*. Respondí.

-*"¿Están seguros de que no hay nadie más?"*. Insistió la agente.

Luego de presentarse con su nombre y apellido y presentar a su compañero nos informaron:

- *"El motivo de nuestra visita es debido a que recibimos una denuncia de que en este domicilio residen inmigrantes en situación irregular, así que por favor les voy a pedir que me muestren sus identificaciones y sus formas migratorias"*. En ese momento Aimée y yo nos miramos y la mirada de ambos fue como «*¡Aaaaaahh! ya sé por dónde viene la cosa*.» Aimée fue por su cartera y por un porta-documentos que ya era necesario por la cantidad de documentos que debía portar cada vez que ponía un pie fuera de la casa.

Mientras entregábamos la documentación requerida le digo a la agente (tal cual vendedor algún producto de multinivel):

-*"Creo saber quién puso la denuncia, y si tiene cinco minutos le puedo contar donde se originó todo"*. Extrañada pero ya con otra energía y disposición al ver nuestros documentos en regla la agente aceptó a escuchar lo que teníamos que decir. Procedí a contarles de la manera más sintetizada posible todo lo sucedido entre septiembre de 2011 y Enero de 2012.

Al escuchar el relato y mencionarles los nombres de las agentes de migración quienes nos atendieron para los tramites la agente se sintió en confianza. Entonces, nos confirmó que efectivamente la denuncia la había presentado el Sr. Director y que para cerrar el expediente, el cual no tenía caso de que fuese abierto, nos recomendaba que fuéramos el día siguiente al INM. Allí podríamos aclarar la situación e incluso presentó la posibilidad de poder denunciarlo a él por haber incumplido sus deberes como empleador de ciudadanos extranjeros sin el debido procedimiento. Esto inmediatamente lo descartamos ya que si hacíamos eso quedaría en evidencia que nosotros cometimos una falta por trabajar* sin los permisos necesarios para ello y aunque la escuela era responsable de ese proceso, no nos exentaba de la posibilidad de una multa.

(*Un punto polémico porqué dado a que no recibimos ningún tipo de remuneración, técnicamente no trabajamos.)

Para este momento ya no nos sorprendió la nueva maniobra del Sr. Director. Por un lado nos sentimos vulnerables porque no teníamos idea de cómo había dado con nuestra ubicación. Teníamos muchas hipótesis pero no teníamos manera de comprobar ninguna. La que más fuerza tenía era que en algún momento nos había seguido desde la salida de la academia hasta el departamento en la vecindad. Pero aun así nos preguntábamos ¿cómo pudo saber exactamente el número de departamento? Ese tipo de detalles dispararon nuestra ansiedad y -nuevamente- volvimos al estado de paranoia por algunos días. Al salir del departamento mirábamos hacia todos lados, caminábamos mirando constantemente hacia atrás porqué sentíamos que estábamos siendo vigilados. Por otro lado, esta acción no nos generó mayor sorpresa. En ese momento creo que ya habíamos perdido la capacidad de asombro para con este señor y aparte lo tomamos como una forma de saber que ya había recibido la denuncia por parte de la PGR. *"Son patadas de ahogado"* nos decía nuestro círculo más cerrado de allegados, quienes sabían los pormenores de todo lo que estaba sucediendo.

Tal y como lo pidió la agente de migración, al día siguiente nos presentamos en la sede local del INM. En esta ocasión no íbamos para ningún trámite si no para entrevistarnos con la titular de la oficina. Para este momento la oficina local también sabía de nuestro caso y nos atendieron de manera muy cordial. Rendimos declaraciones sobre lo sucedido desde el punto de vista migratorio. No fue nada oficial; la intención únicamente era aclarar el asunto e insistir en que este señor solo estaba buscando manera de perjudicarnos.

¡BUM!

Continuaba en mis labores en la academia, pasé de ser profesor de Guitarra Clásica a ser Asesor Curricular de la academia. El director estaba interesado en abrir una Licenciatura en Ejecución Musical en su academia (lo que posteriormente se convirtió en un Diplomado en Ejecución Musical). Esto implicaba una serie de tareas, desde sentarme con los maestros de cada instrumento y diseñar los cursos tema por tema, así como redactar objetivos de cada asignatura y distribuir las asignaturas en un Mapa Curricular por semestre el cual también debía diseñar. Todo esto debía ser validado y aprobado por la Secretaría de Educación del Estado.

La mañana del 14 de marzo de 2012, mientras hacía uno de los tramites iniciales para la validación de la licenciatura, me encontraba en la oficina de la Secretaría de Educación del estado encargada de esto (el nombre más largo que había escuchado para un departamento: Oficina Técnica de las Comisiones de Educación Media Superior y Superior de la Subsecretaría de Educación Media Superior y Superior). Alrededor de las 9:30 am escuché un estruendo parecido al que genera un fuego artificial; mi celular empezó a sonar como loco, pero por respeto a la persona que me estaba atendiendo en ese momento preferí no contestar, no me pareció nada extraño. La gente en la oficina seguía en sus actividades normales por lo que mi mente no dio importancia y seguí dando curso al motivo de mi visita a dicha entidad.

A lo lejos se escuchaban sirenas que cada vez iban sonando más cerca y fue ahí entendí que algo estaba sucediendo. Mi sentido de alerta se disparó, interrumpí lo que hacía, me despedí cordialmente y me dispuse a salir con cierta urgencia. Aimée estaba en la academia, habíamos quedado en vernos para almorzar y la academia quedaba de paso hacia la casa desde la oficina donde me encontraba. En el recorrido de poco más de cinco cuadras no noté nada inusual, solo las sirenas en la lejanía. Al llegar a la academia veo la cara del director (consternado) y Aimée con cara de preocupación me preguntaba por qué no había contestado el teléfono acompañado con:

- *"Lanzaron una granada en el concesionario de carros que está a una cuadra de la oficina donde estabas ¿no escuchaste nada?"*. En ese momento regresó esa sensación; los oídos tapados, la boca seca y la sudoración fría…

-*"Debes estar bromeando"* respondí con la voz resquebrajada. *"Escuché un estruendo, pero no vi alboroto en la oficina"*, continué.

Estuve a una cuadra de un «granadazo»… Otra situación de riesgo sucedió cerca de mí y en esta ocasión ni siquiera me di cuenta. Era la segunda vez que estaba expuesto, la mente es necia y la mía, aún más. Empecé a preguntarme cosas como "¿Qué hubiese sucedido si hubiese salido de la oficina diez minutos antes?" "¿Qué hubiese pasado si en vez de ir temprano hubiese ido más tarde justo en el momento de la explosión?" y otro tipo de preguntas cuyas respuestas prefería ni imaginar.

Según el sitio web *Proceso,* durante ese día hubo persecuciones en toda la ciudad desde las 9:30 am hasta las 3:30 pm, aproximadamente. Hubo dos muertos y luego supimos que hubo (no solo uno, si no) dos «granadazos» en la ciudad. Volvimos a modo *"shock"*. Para las personas con quienes trabajábamos era una mezcla extraña entre normalidad y preocupación, ellos seguían con sus actividades y solo nos decían lo que tanto habíamos escuchado *"no se preocupen, el rollo es entre ellos. Ahorita lo mejor es no estar en la calle, pero la vida sigue"* acompañado con una frase que utilizaban mucho y aun en aquel momento nos generaba impacto *"así es este show…"*. O sea; ¿*Show…*?

Para el tamaulipeco, este tipo de eventos no era algo inusual. Eran eventos que generaban cierta preocupación y alerta en la población, pero era impresionante ver como cada uno seguía el curso de lo que estaba haciendo. Tal y como sucedió posterior a la balacera en enero, cuando ya no se escuchaba nada, los niños se levantaron del piso y siguieron con sus clases.

Los medios oficiales no publicaban noticias sobre este tipo de eventos, no había portavoces de ningún departamento de gobierno que explicaran lo sucedido. Así, este tipo de eventos pasaban *por debajo de la mesa*. Las informaciones salían por medios extraoficiales (Redes Sociales, Portales privados de noticias en la web) y lo que se escuchaba entre los vecinos.

CUARTO ASALTO: LA BATALLA FINAL

En abril de 2012 tuvimos una cita en la Junta de Conciliación y Arbitraje. En esta, tanto la parte demandante (nosotros) como la parte demandada (el Sr. Director) debimos presentarnos en la sede de la Junta para rendir declaraciones. Era una parte vital en el proceso de la demanda laboral. Para esta cita nosotros teníamos todas las de ganar, fuimos con un bolso que usaba para cargar mi computador y en este teníamos desde grabaciones, hasta capturas impresas de correos electrónicos, fotografías, etc. Y aparte de eso contábamos con testigos quienes se presentaron a rendir sus declaraciones. Jenson viajó desde San Luis Potosí y aparte contábamos con el apoyo de la Sra. Cecilia quien declararía también en calidad de testigo.

Alrededor de las 10:00 am el Sr. Director y nosotros nos veíamos las caras luego de cuatro largos meses de una guerra intensa pero silenciosa. Mi reacción física fue de repudio. El estómago se me retorcía y parte de mí solo quería lanzarle un golpe en el medio de su rostro (básicamente, "*partirle la jeta*", como dirían en Maracaibo). Pasé los primeros cinco minutos con mis manos empuñadas mientras los secretarios de la Junta nos tomaban los datos pertinentes.

Nos tomaron las declaraciones en el corredor principal del edificio en una especie de oficina con medias paredes. Una de las paredes tenía barra de madera como las que se ven en los módulos de recepción. Al interior de la oficina se encontraban dos secretarios (cada uno en un computador) y uno opuesto al otro, es decir, se daban la espalda. Del lado exterior en el corredor (o pasillo) estábamos quienes presentaríamos las declaraciones, la separación entre mi persona y susodicho era de escasos tres metros.

Comencé el relato que ya había contado una docena de veces, pero en este caso debía ser más específico con fechas y detalles. La reacción de los secretarios era la misma que la de cualquiera de los oyentes anteriores, se notaba a leguas lo difícil que era para ellos no reaccionar o ser imparciales. Mientras contaba la historia era interrumpido por el Sr. Director quien procuraba desacreditar todo lo que yo decía, en varias ocasiones tuve que contenerme para no abalanzarme hacia él. Mi declaración fue interrumpida en varias ocasiones y cada interrupción enervaba la paciencia de los presentes (Dizzy, Aimée, Jenson, la Sra. Cecilia) todos se acercaban a él con la misma frustración y ganas de hacerle callar.

A medida que iba presentando evidencias las interrupciones fueron disminuyendo. Cuando saqué el laptop para mostrar la grabación del despido, le tocó al secretario transcribir palabra por palabra. De igual manera debía transcribir la descripción de cada foto y hacer resúmenes de las capturas de pantalla donde mostraba correos y noticias. Llegó un momento en el que lo miraba y mi mirada solo quería decirle "no tienes escapatoria". El prefirió presentar su declaración por escrito y solo presentó un testigo, no era mucho lo que tenía para decir y la falta de testigos solo demostraba que nadie, ni siquiera su grupo más cercano, lo apoyaba en sus intenciones.

Aimée y Dizzy dieron la autorización para que mi declaración nos incluyera a los tres y de esta manera dicha declaración fuera tomada como única por parte de los tres, luego declararon Jenson y la Sra. Cecilia en calidad de testigos y para relatar su parte de la historia.

Estuvimos hasta las 4:00 pm, veíamos como la gente entraba y salía en casos más puntuales. El nuestro parecía ser el show principal en un concierto de declaraciones y pruebas que dejarían sin ganas a nuestro Sr. Director de seguir molestando por un buen tiempo. Lo último que escuchamos de su parte entre susurros y con ansiedad para con la secretaría de la junta fue:

-*"Hasta fueron a la PGR ¿puede creerlo?"* las miradas de Aimée, Dizzy y yo en ese instante se cruzaron con un gesto de satisfacción y con la conexión que los tres teníamos después de tantas angustias el pensamiento fue "le afectó y tiene miedo".

Los dos últimos rounds fueron más cortos, era más que notable el cansancio por parte de nuestro contrincante y a medida que su desesperación y su cansancio se dejaban ver, nuestra fortaleza aumentaba. Estaba acorralado por todos los bandos. En estos casos, hasta las ratas llegan a rendirse y se quedan mirando hacia la pared y sin moverse hacia ningún lado. Justo así pasó a estar el Sr. Director. Ahora solo le tocaba pasar de instancia en instancia, desde la Junta de Conciliación y Arbitraje pasando por Migración y la PGR a defenderse; sin poder hacer más y sin dejar de mirar la pared que el mismo creo con sus acciones. De nuevo *"En la vida todo son las decisiones que tomamos…"*

Y EL GANADOR ES…

Esta parte no es de mis favoritas, para nosotros fue sorprendente ver cómo funciona la burocracia en países como México y como la justicia -DEFINITIVAMENTE- es ciega. Iré por partes; instancia por instancia.

JUNTA DE CONCILIACIÓN Y ARBITRAJE

Dos años después la Junta se comunicó conmigo a través de una llamada telefónica para pedirme que me acercara a la sede local. Allá me informaron que habíamos ganado la demanda, PERO, que no tenían forma de comprobar bienes a nombre del Sr. Director, por ende, no había manera de proceder a algún embargo que cubriese total o parcialmente la cantidad de dinero demandada. Obviamente, dos años son más que suficientes como para poder traspasar todos los bienes a cualquier otra persona con tal de no ser víctima de un embargo.

Contando sueldos, daños y perjuicios, entre otros, el Sr. Director debía responder por más de $1,5 millones de pesos mexicanos ($75,000 dólares estadounidenses) sumados entre Aimée y yo y en el caso de Dizzy $500,000 pesos mexicanos ($25,000 dólares estadounidenses). Recuerdo que cuando la gente nos preguntaba cómo habían terminado las cosas en la Junta y les comentábamos sobre el laudo nos decían cosas como *"por muchísimo menos meten preso a uno"*. En este caso eso no procedía; para la justicia mexicana el robo de tiempo, de vida y de esperanzas no cuenta técnicamente como un robo.

POLICÍA MINISTERIAL

Hablando de robo, en el caso de la Policía Ministerial nunca pudieron demostrar que nosotros hubiésemos sustraído algún bien. Y es que todo lo señalado como robado fueron artículos donados por la sociedad de padres y representantes de la escuela. Esto, aunado a que hubo partes del procedimiento por parte de los dos agentes ministeriales que no se apegaron al debido proceso, (entre otras cosas no debieron insistir en que no podíamos salir del país), hizo que todo el asunto fuese un poco turbio. Por ello, tanto Dizzy como Aimée y yo llegamos a pensar en la probabilidad de que el Sr. Director hubiese solicitado a estos dos agentes que nos intimidaran. Llegamos a escuchar por allegados la posible estrategia del intercambio de denuncias. Era muy probable que él hubiera hecho esa denuncia con la intensión de presionarnos a que nosotros retirásemos la demanda de la Junta de Conciliación y Arbitraje.

En México cada cierto tiempo los policías Estatales, Municipales y los agentes de la Policía Ministerial deben someterse a pruebas. En estas les evalúan sus capacidades físicas y habilidades básicas que estos deben manejar para el desempeño efectivo de sus labores. En caso de reprobar en algún área, deben tomar un curso y esto les aparece reflejado en sus expedientes. Incluso esto puede ser motivo de suspensión temporal. Irónicamente, años después trabajé en la Secretaría de Seguridad Pública del Estado de Tamaulipas. En cumplimiento de mis funciones tuve en mis manos las evaluaciones que les hicieron a estos dos agentes. Los mismos agentes que fueron a mi casa aquella tarde de enero de 2012. Pude haber sido recíproco con sus acciones, pero preferí mirar a otro lado y dejar que la teoría budista sobre el Karma hiciera su trabajo. En ese momento solo me detuve a reflexionar en las vueltas que da la vida y cómo nos cambia de posiciones en un par de pestañeos.

PROCURADURÍA GENERAL DE LA REPÚBLICA Y COMISIÓN NACIONAL DE DERECHOS HUMANOS

Supimos por la CNDH que el Sr. Director fue a rendir declaraciones en la PGR. Como bien nos dijeron los comisionados de Reynosa, ellos se encargarían de dar el debido seguimiento al caso. En un par de meses recibí una llamada por parte del comisionado con quien hablé la primera vez que llamé a la CNDH. Pude percibir cierto tono de vergüenza cuando me hacía saber que el caso no había procedido en la PGR. En México hay un término coloquial utilizado para cuando un departamento de alguna oficina gubernamental prefiere omitir un caso, una petición o cualquier otro tramite por ser muy complicado; lo "carpetean". De este modo, se refieren al acto de agarrar la carpeta en la que se encuentre el caso o la petición y traspapelarla (con dolo) dentro de alguna gaveta junto con otras carpetas. Por experiencia sé que cualquier expediente que repose por más de dos años en la mayoría de las entidades de gobierno en México pasa a ser "archivo muerto". El archivo muerto posteriormente se transporta a algún almacén para luego ser desechado y/o destruido.

Debo hacer la aclaratoria. No tengo pruebas de que esto fue lo que sucedió con nuestro caso en la PGR, por lo que no puedo afirmar de manera categórica que esto fue lo que pasó. Sin embargo, no es muy difícil sacar conclusiones tomando en cuenta que nuestro caso fue el primero por el presunto delito de Trata de Personas en el estado de Tamaulipas, no era difícil imaginar las consecuencias que eso traería a la PGR en un estado declarado como fallido y con una PGR suficientemente cargada con los delitos cometidos por el crimen organizado. Nuestro caso quizás era poco importante o demasiado complicado para la procuraduría.

INSTITUTO NACIONAL DE MIGRACIÓN

En el INM conseguimos unos aliados invaluables, a los agentes locales nos los conseguíamos en la calle y siempre nos saludaban de manera calurosa. Pasó a ser nuestra responsabilidad (autoimpuesta) el informar al instituto si sabíamos que el Sr. Director contratara a algún otro extranjero. A mediados de 2013 pasamos de ser Residentes Temporales a Residentes Permanentes sin ningún tipo de contratiempo.

La burocracia en el país de Hidalgo y Costilla benefició a la maldad de un personaje quien parecía que sacaba sus jugadas de un libro de Nicolás Maquiavelo. De momentos pienso que nada fue improvisado, que cada paso fue bien pensado y que incluso antes de nosotros salir de Venezuela, este Sr. Director tenía su plan bien detallado en caso de que las cosas salieran mal. Ganó gran parte de los asaltos. Los ganó, no solo por tener un buen plan, sino por apegarse a él. Nuestro error no fue la falta de un plan, fue el no ser disciplinados y respetar lo estipulado en este. Lo hicimos en el plan de acción, pero a este punto ya era de manera defensiva y de contención. Si nos hubiésemos apegado a los planes que diseñamos Eduardo Vega y yo la noche antes de salir de Venezuela en el aeropuerto de Maiquetía se hubiesen podido evitar muchas cosas, pero los *'hubiésemos'* no existen. Los *'hubiésemos'* pueden hacer caer cualquier proyecto de vida y más, aún si ese proyecto de vida incluye la migración.

Cuando alguien me pregunta que es lo primero que debe hacer para poder migrar siempre respondo "Haz un plan A y B… y C, D, E hasta que te quedes sin letras y es necesario no solo hacer una lista de varios buenos planes, sino que hay que respétalos. Si falla el Plan A, apégate al plan B y además de apegarte al plan debes respetar también el orden y los plazos que tú mismo diseñaste." La Segunda Fase de cualquier proyecto de migración (*Planificación*) nunca debe ser pasada por alto o subestimada.

He conocido a muchas personas que migran sin un plan, o que salen con un plan A y este se anula al día siguiente de llegar a su destino. Y de ahí comienzan las eventualidades que generalmente terminan por hacerlos desistir y regresarse. En muchos casos optan por irse a otro país (igual sin un plan), o en el peor de los casos, se quedan en el país destino, pero frustrados e insatisfechos. Con la misma frustración e insatisfacción que sentían antes de salir de su país de origen.

Hay quienes hacemos diez planes y si falla el plan A queremos saltar al D y ahí inevitablemente comienza la improvisación y esta nunca es buena compañera en situaciones críticas. La única situación que conozco en la que la improvisación sea algo positivo es cuando se hace en la música e incluso hay que ser muy buen músico para ser bueno improvisando. El problema con una migración sin la debida planificación es que se convierte en una apuesta. Y el inconveniente con ello es que, como seres humanos, tendemos a comprometernos con las apuestas, incluso cuando estamos perdiéndolo todo.

"Lo mejor es lo que sucede mijo" decía siempre mi papá. Y en efecto, hoy pienso que cada situación aportó a que algo mejor sucediera… Como dijo Steve Jobs en un discurso de graduación en la Universidad de Stanford en 2005 *"No puedes unir los puntos mirando de atrás hacia adelante"*. Más adelante entendí que cada eventualidad llevó a otra, y cada cosa llevó a la siguiente. Estos, además de fortalecerme, cada uno de los eventos, cada malestar, cada

mala noche, todo ello hacía que al día siguiente saliera con más ganas. Y que en cada salida siguiera conociendo personas maravillosas. Y que cada persona que conocí pasara a convertirse en una pieza de un rompecabezas enorme que Dios tenía preparado para nosotros y para nuestro futuro. Como ya lo dije, el Sr. ganó la mayoría de las batallas, pero no ganó la guerra.

Parte vital fue entender y abrazar el concepto del *Desapego*. Aunque todavía no tenía conciencia al cien por ciento de que el proceso que estaba pasando era eso; crudo y puro *Desapego*, este jugó un rol clave. El desprendimiento no solo de viejas costumbres si no de viejos hábitos. El Gustavo al que en Maracaibo le pasaba algo malo y guardaba luto durante días, desanimado y deprimido, se había quedado en Maracaibo. Ese Gustavo se había quedado en el cuarto de paredes azules con una vista lejana al emblemático lago. En aquella habitación llena de cuadros con sus artistas favoritos, partituras, discos compactos y con el setenta por ciento de la ropa y de las pertenencias que no cupieron en la maleta de veintitrés kilos. Reitero; la palabra migración debe ser sinónimo de reinvención y de renacimiento.

Aprendí a ser desapegado cuando entendí que una vez que salí de Maracaibo era probable que tuviese que migrar de nuevo (y de nuevo, y de nuevo)… Esto hizo que dejara de sentir apego hacia las cosas, aprendí que las cosas son para usarse, que no todo cabe en cajas y que paradójicamente, las cosas que no necesitan cajas son las más valiosas. Las vivencias, las experiencias y las enseñanzas, esas no ocupan espacio, esas no pesan ni pasan por aduanas. Y es que mientras más cosas tengamos y mientras más arraigo sintamos hacia el lugar donde vivimos más difícil es después salir de él. Luego, si por alguna situación laboral (solo por poner un ejemplo) vives en el sur del país donde migraste y te ofrecen una transferencia hacia el norte del mismo país, esto te recordará entonces a cuando tuviste que salir de tu país. Y empieza una mezcla extraña de emociones negativas en una situación positiva, todo a causa del apego. Esto lo desarrollo un poco más el capítulo El Migrante y El Minimalismo.

Debo aclarar lo que para efectos de este libro es la diferencia entre Arraigo y Filiación. Cuando hablo de Arraigo me refiero a un lazo que, como migrantes creamos con la ciudad o el país a donde migramos. La compra de un bien inmueble, la creación de una empresa física, son formas de arraigarse a ese lugar. Por otro lado, cuando hablo de Filiación me refiero a una manera de sentir pertenencia para con la ciudad o país en el que ahora resido. Empiezo a ser fanático del equipo de fútbol local, siento gusto por la cultura de dicho país, en el caso de que sea un país con un idioma distinto, empiezo entonces a estudiar y a hablar el idioma, disfrutar la comida, entre otras cosas. La filiación pasa a ser una herramienta que nos ayudará como migrantes a no sentirnos ajenos al lugar donde ahora hacemos vida, mientras el arraigo puede crear un "exceso de filiación". Este puede llegar al punto en el que nos genera ansiedad la sola idea de pensar en tener que cambiar nuevamente de entorno (ciudad o país) por cualquier razón.

4. HIJOS / NIÑOS MIGRANTES

Tal y como lo dije aquel lunes de enero y sentado en los colchones en los que dormíamos en la vecindad, no estuvimos mucho tiempo viviendo allí. Para este punto no tenía caso seguir escondiéndonos, ya el Sr. Director había dado con nuestro domicilio por lo que decidimos mudarnos del departamento.

Poco después de haber llegado a Ciudad Victoria y en nuestras andanzas a pie, pasamos por una pequeña comunidad cerrada también en la zona centro de la ciudad. De hecho, pasábamos por allí con cierta regularidad y nos llamaba mucho la atención porque nos recordaba al tipo de construcción al que, en Maracaibo, conocíamos como Villas. Al poco tiempo de empezar a frecuentar el nuevo círculo social que nos ofrecía el trabajo en la academia, supimos que había dos parientes del director que casualmente vivían allí.

La zona centro de Ciudad Victoria era de preferencia para muchas familias por varias razones. Por un lado, un gran porcentaje de los habitantes de la ciudad trabaja en alguna entidad de gobierno estatal y/o municipal. Por otro lado, en el centro de la ciudad se encontraban buenos restaurantes, gimnasios, entre otros. Además, por el hecho de que la mayoría de los edificios del gobierno se encontraban ubicados en esta zona, esta era bien resguardada por la Policía Estatal. Esto hacía que fuese un área un poco más segura.

Empezamos a ir con cierta frecuencia a la villa y empezamos a preguntar sobre los costos, y analizando la posibilidad de mudarnos allí. Pero en ese momento todos los departamentos estaban ocupados. Además, descartamos la posibilidad ya que, no solo no había disponibilidad, sino que los costos de alquiler eran un poco altos para mi sueldo de aquel momento.

Al paso de las semanas, en mayo de 2012 recibí una llamada de uno de los familiares del director de la academia que vivía en la villa. Me decía que se mudaría, que su departamento era uno de los más pequeños y por ende la renta no era tan alta, que si quería me lo podía mostrar. Lo hizo con la mejor intención, una comunidad cerrada era un lugar seguro para nosotros. En ese momento le expuse el asunto a Aimée y su respuesta fue *"no pierdes nada con ir a verlo"*. En el transcurso de la tarde de ese mismo día fui a ver el lugar. Ellos le llaman departamento, pero para nosotros es una casa. Tenía dos pisos, dos cuartos, tres baños y para mí (que vivía en un departamento de un solo ambiente en una vecindad) esa casa era casi una mansión. "¡La quiero ya!" pensaba en mi cabeza. Mientras hacía el recorrido, el familiar del director me decía cuando pagaba de renta, costos aproximados de electricidad, agua, etc. Y aunque solo los gastos de la casa equivalían al sesenta por ciento de mi sueldo, mi necesidad de salir de la vecindad y de cambiar de ambiente tuvo más poder que lo económico.

Al día siguiente fui a la oficina que se encargaba de los alquileres, firmé el contrato, pagué el mes por adelantado y en menos de cuatro meses estábamos logrando mudarnos a una casa.

Necesito ser claro en algo. No siento más que gratitud con la Sra. Tulia y con su familia. Ella nos ofreció un refugio en tiempos de crisis y aunque este se convirtió en la trinchera desde donde peleamos varias batallas, creo que el hecho de tener que mudarnos allí motivados por el miedo hacía que nos sintiéramos escondidos. Esto desde el inicio hacía que ese pequeño cuarto de unos treinta metros cuadrados estuviese cargado con esa energía. Lamentablemente las experiencias tintan los recuerdos y estos son los que dan el tinte a los lugares. Un hospital solo es recordado con cariño por el paciente que se curó en él, por la madre que dio a luz a su hijo en este o por el médico que tuvo su primera pasantía allí. De resto está cargado por la energía que generan las vicisitudes vividas en este.

Aun mis recuerdos de aquel departamento son vívidos; el olor, el color crema de sus paredes, la voz de la Sra. Tulia cantando mientras regaba las maticas y el petricor de las tardes de lluvia en la primavera victorense. Pero lamentablemente fueron más los malos recuerdos que los buenos. Pesa más la angustia y la paranoia, el asustarnos cada vez que tocaban la puerta o cada vez que escuchábamos a un perro ladrar insistentemente. Tuvo más peso el sentir que estábamos allí porqué necesitábamos escondernos en una especie de cuarentena. Por el hecho de ser extranjeros y estar vulnerables a las mañas de una persona que nos utilizó y luego nos desechó como se desecha algo que no sirve.

La mudanza de la vecindad fue un avance para nosotros. No nos quedamos derrotados, ni reprochando al mundo lo infructuoso de nuestras denuncias. No nos quedamos lamentándonos por la injusticia de la que fuimos objetos. A pesar de todo lo negativo, sentíamos que podíamos retomar el curso de nuestras vidas y empezar a tener una vida más parecida a lo normal. Aunque esto se traducía en que debía trabajar más, no me importaba. Opté por dictar clases particulares. Era algo que ya hacía, pero ahora lo hacía de manera metódica, constante y regular y esto ayudó mucho a poder mantenernos a flote. Además de eso, continuaba yendo a los departamentos de gobierno con copias de mi hoja de vida en mano ofreciendo mis servicios.

Cuando nos mudamos a la vecindad (cuatro meses después de la anterior mudanza donde tardamos dos horas) hicieron falta dos viajes en una camioneta tipo *pick-up* para poder mover nuestras cosas y el proceso tomó un día entero. Fue impresionante ver cómo, sin darnos cuenta, en cuatro meses teníamos mucho más. Aunque aun así no podíamos llenar todos los espacios de nuestro nuevo departamento en la villa.

Ahora debíamos también caminar más; la vecindad estaba a cinco cuadras de la academia, la villa estaba a catorce cuadras. Ese recorrido lo hacíamos todos los días a través de la muy conocida y colorida calle Francisco I. Madero de Ciudad Victoria, mejor conocida como "El Diecisiete". Era una calle llena de edificaciones antiguas, pero bien cuidadas por ser entidades de gobierno, además de eso tenía restaurantes, locales comerciales, entre otros. Caminábamos más, pero lo hacíamos con una sonrisa en la cara. Esta calle aún permanece cerrada para el tráfico todos los domingos en la tarde para una actividad llamada "Libre Diecisiete". En ella las familias llevan a sus hijos a pasear en bicicleta, patines mientras los peatones pueden disfrutar de actividades recreativas, grupos musicales, puestos con "antojitos mexicanos", entre otro tipo de actividades. Esos momenticos tenían el poder de lograr que nos olvidáramos de todo. En esos ratos de esparcimiento estábamos ahí en cuerpo y mente, sin pensar en nada más.

TOMÁS ELÍAS

Un mes después de habernos mudado, ya era junio de 2012. Mientras permanecía en la Secretaria de Educación del Estado de Tamaulipas esperando una cita para entrevistarme con el Secretario Particular, recibí una llamada de Aimée. Esta llamada cambiaría el curso de los eventos que sucedieron de ahí en adelante… *"¿Puedes venir a la casa?"* preguntó. Preocupado pregunté si todo estaba bien y escuché una sonrisa enmudecida. *"Sí, todo está bien pero porfa, ven a la casa"*. Su tono me transmitía tranquilidad, pero a la vez me generaba preocupación. Me levanté de aquel sofá de piel sintética (que se convirtió en un muy buen compañero desde diciembre de 2011) e hice saber a la recepcionista de la secretaría que debía retirarme y que, si podía regresar en la tarde de ese día para mi cita *"¡sí, claro!"* respondió. Las recepcionistas de la SET ya me conocían bien, creo que hasta me agarraron cariño de tanto que iba… regularmente pasaba entre ocho y diez horas a la semana sentado en esa sala de espera para entrevistas.

Cuando llegué a la casa Aimée me recibió con un abrazo y me muestra un dispositivo el cual hasta ese momento solo conocía por películas y comerciales en televisión: una prueba de embarazo casera, con dos líneas azules en el centro… "*sí tiene dos rayitas es positivo…*" me dice con una sonrisa en la cara… Yo quedé en silencio por algunos segundos "¿Estás embarazada?" pregunté, "pero ¿esto es confiable, es preciso?" continué. Mi reacción inmediata fue "¡Vamos al laboratorio y que lo confirme un examen de sangre!". Pedimos el favor a una vecina de la villa quien emocionada por el acontecimiento se ofreció a llevarnos. Fuimos a un laboratorio y en el trayecto tenía sentimientos encontrados. Por un lado, sentía una emoción enorme, no eran mariposas lo que sentía en el estómago, sentía un aviario entero. Por otro lado, el temor; nuestros ingresos eran bajos y gran parte de ellos eran destinados para los gastos de vivienda. Nuestra vecina emocionada nos decía "*no se preocupen, los bebes siempre vienen con el pan debajo del brazo*". Qué dicho tan curioso; entre mis nervios no entendía por qué nos repitió eso en tantas ocasiones.

Llegamos al laboratorio y luego de tomada la muestra debíamos esperar quince minutos por los resultados. Quince minutos parecieron cincuenta, posteriormente la bioanalista (laboratorista) nos llamó y nos entregó una hoja con información sobre los resultados. Recuerdo bien que intentaba leer, pero veía todas las letras cruzadas a causa de los nervios "ajá, pero ¿está o no está?" pregunté confundido. Ella solo nos miró, sonrió y nos dijo "*¡Felicidades!*". Afuera nos esperaba la vecina, quien al ver la hoja daba gritos de la emoción, Aimée escribía a su familia desde su celular y yo solo miraba a la pared. Debo admitir que no soy bueno en ese tipo de situaciones.

En mi cabeza solo pensaba que apenas íbamos saliendo de un trance tan fuerte y ahora Aimée estaba embarazada '¿qué tan sano era el ambiente?, ¿nos afectaría la inseguridad de la ciudad en esta nueva situación?' y un sinfín de preguntas y planteamientos más que en mi mente resonaban. Mi mente era como un computador que abre cien ventanas al mismo tiempo y solo se escucha el disco duro y el ventilador del procesador aumentando su velocidad para evitar el sobrecalentamiento de este.

Ese día todo cambiaría nuevamente de perspectiva. Ahora la ciudad en la que estábamos se convertiría en la casa y en el lugar de nacimiento de mi hijo, ¡mi hijo! Decir eso me sonaba extraño. "Mi hijo será mexicano", era lo que me repetía en una mezcla de extrañeza y ternura. Ahora pasaba por los estadios de futbol e imaginaba a mi niño jugando, pasaba por los parques y mi cabeza creaba escenas completas de cómo yo llevaría al primogénito a jugar a esos parques. De nuevo la ciudad cambiaba de color ante mis ojos y esto me motivó más a seguir en la búsqueda de mejores oportunidades laborales. Seguí en mi afán de hacer mi trabajo de la mejor manera posible y seguiría insistiendo en la Secretaría de Educación e ir cuantas veces fuese necesario y entregar cuantas hojas de vida fuese necesario.

Todos pasamos por un proceso de transformación el día en el que por primera vez nos dicen "vas a ser padre". Creo que la dificultad y la complejidad de este proceso es aumentada cuando estás fuera de tu país de origen y cuando tu familiar más cercano (aparte de tu pareja), se encuentra a miles de kilómetros de distancia. Uno va de lo más simple a lo más complicado dibujando escenarios en nuestra imaginación. Y te haces capaz de viajar años en unos pocos segundos. Te preguntas cosas pequeñas y grandes, desde ¿cuál es la temperatura ideal para un tetero? Hasta ¿qué querrá estudiar cuando entre a la universidad? Son preguntas que la cabeza te lanza a noventa millas por hora. Sin aviso y sin darte cuenta pasaste a sentarte a buscar en *Google* la diferencia entre las fórmulas maternas y las mejores universidades del país donde vives.

El día que me enteré de que Aimée estaba embarazada y después de que la cabeza me hiciera una miríada de preguntas solo me detuve, reflexioné y escribí algo que me confortó y que incluso hasta el día de hoy me conforta cada vez que cuestiono mi rol como papá. *"Si tan solo pudiese dar a mi hijo la mitad de todo lo que yo tuve, me daría por bien servido"*. Aunque sabía de antemano que mi hijo no tendría muchas de las cosas que tuve y atesoro. No tendría fiestas infantiles con sus primos jugando a las escondidas. No estaría con sus tías debatiendo sobre cuál lo consiente más. Y aunque mi chamo tampoco gozaría de quedarse un fin de semana en casa de la abuela o de las tertulias de los tíos mientras cocinan un sancocho, en mi mente estaba claro que haría todo lo posible para que no le faltara lo más importante. Un techo sobre su cabeza, comida en su mesa y el calor de sus papás.

Aquí comenzaba la Cuarta Fase de mi Proyecto de Migración, *la Filiación*. Ese enlace que se empieza a crear con el lugar donde ahora se vive. Es aquí cuando uno empieza a sentir que pertenece a un lugar; cuando sabes que tu hijo nacerá allí o cuando tu hijo, aunque no haya nacido en esa ciudad, empieza a portar el uniforme de la escuela a donde asiste. Cuando ves que se siente en su ambiente jugando en algún parque o cuando lo ves caminar por ese nuevo lugar como si ya fuese parte de él.

Puedo contar con una mano los retos más difíciles que me ha tocado asumir. Ser papá migrante no es fácil. Para Aimée, estar embarazada en un país ajeno fue bastante difícil. Que tu hijo nazca en un país distinto al tuyo o tener hijos nacidos en un país y cambiarse a otro, está en uno de los primeros tres lugares de esa lista. Tuve que vivir tanto lo primero como lo segundo.

Todos buscamos lo mejor para nuestros hijos, aunque suena a cliché es una realidad que nos toca a todos. Por esa razón muchos decidimos cambiarnos de país ya teniendo hijos. Por esa misma razón, hay quienes optan por salir de su país con el fin de que sus hijos nazcan en un lugar más seguro o sano para ellos.

Mientras mis vecinos, compañeros, amigos y familiares estaban saltando en un pie por la noticia del embarazo de Aimée, yo me centré de lleno en mejorar nuestra situación económica. El proyecto para el que trabajaba en la academia como Asesor Curricular tenía un plazo de culminación: agosto de 2012. Luego de esa fecha quedaría a la deriva ya que mis horas como profesor de dicha academia eran pocas (casi nulas) debido a que la idea era poder dedicar la mayoría del tiempo laboral al proyecto. Actualmente pienso en esto y creo que la intención del director de la academia era ayudarnos de manera temporal, mientras nosotros pudiésemos conseguir estabilizarnos y encontrar otros trabajos. Gracias al trabajo en la academia pudimos mantenernos a flote, comenzar una vida normal y regularizarnos desde el punto de vista migratorio. Son cosas que guardaré siempre, aunque mi sueldo como Asesor Curricular no era malo, naturalmente sabía que estaba siendo subpagado por el trabajo que estaba haciendo, pero no me importaba. Hacía el trabajo con todo el gusto del mundo y dando lo mejor de mí (y más), ya que me enseñaron que el agradecimiento se muestra no solo con palabras sino que además se retribuye.

Aparte de mi sueldo en la academia tenía otra entrada generada por las clases particulares que, aunque no era poco, no sería suficiente para cubrir los gastos que genera tener un bebé. Recuerdo con mucha ternura cuando Aimée me decía "no te preocupes, ahorita los gastos no aumentarán y cuando el bebé nazca tampoco, ya verás que nada nos faltará". Sin embargo, mi cabeza pensaba mil cosas más: consultas médicas, vitaminas, acondicionamiento del cuarto para el bebé, pediatras, leche y PAÑALES (¡OH, DIOS! ¡LOS PAÑALES!).

Pasaba ahora más tiempo en la SET esperando para poder entrevistarme con el Secretario Particular. Aparte de eso, estaba postulándome para ser profesor de música a tiempo completo en un colegio privado. Y por otro lado, estaba aplicando para ser profesor a tiempo parcial en una universidad (también privada) con buena presencia en el estado. Pensaba *«por algún lado saldrán los tiros»*.

EL FILADELFIA

Buena parte de mis esperanzas estaban centradas en un puesto de profesor de música a tiempo completo disponible en un colegio de la ciudad, todo apuntaba a que podía lograrlo. El Filadelfia era un colegio adventista, con grupos de entre quince a veinte alumnos por sección, desde preescolar hasta secundaria. Era un ambiente al que estaba familiarizado, ya que tuve un trabajo similar en mi natal Maracaibo.

En este colegio tuve la oportunidad de conocer a dos de las personas más especiales que la vida puso en mi transitar en México. La directora del colegio (uno de mis ángeles en Ciudad Victoria) la Profesora Elda de la Fuente, con quien ya me había entrevistado en ocasiones previas, vía telefónica y luego personalmente y el contador Rubén Concha.

La profe Elda con sus uno sesenta y cinco metros de altura, su cabellera corta castaño claro y siempre peinada con una vuelta a la derecha, era el vivo retrato de una maestra con pasión por su profesión. La vocación por la educación era algo que destilaba por sus poros. Creo que no recuerdo haber conocido a una persona con tanto entusiasmo por la docencia. Toda ella es un ejemplo. Las entrevistas tanto por teléfono como la personal siempre fueron muy fluidas. Hicimos '*clic*' de inmediato; la profe es ese tipo de personas con las me sentía entusiasmado solo por el hecho de pensar no solo en el trabajo en sí, si no en la calidad de personas con las que trabajaría.

-"*Gustavo Elías*" (de las pocas personas que siempre me llamaba por mis dos nombres) – "*Me gusta mucho tu currículum… Debo someter la decisión a la junta directiva, pero estoy segura de que todo saldrá bien ¿Habría algún problema si dicen algo sobre cortarte un poco el cabello?*" Preguntó. En Maracaibo esa pregunta durante una entrevista hubiese sido suficiente para levantarme, agarrar mi currículum, dar las gracias y las buenas tardes y retirarme. *PERO*, fuera de Maracaibo y con Aimée embarazada la cosa cambiaba. En ese momento solo pensaba «necesito el trabajo y aparte ya me vendría bien un corte de cabello». Con la voz entrecortada dije:

- "*¡Claro Profe! No hay problema*".

Ese día salí del colegio con la sensación de que todo estaba dado, esa sensación en el estómago que te dice «todo va a salir bien, ya esto es tuyo». Solo quedaba esperar la decisión de la junta directiva. La única amenaza era que yo no era adventista; mi educación fue en gran parte en un colegio católico y enteramente en una universidad también católica, pero mi perfil encajaba con lo que estaban necesitando por lo que, en gran parte, me sentía tranquilo.

UNIVERSIDAD VALLE DE MÉXICO

La vida da muchas vueltas, y recuerdo que una de las tantas personas que nos presentó el Sr. Director fue un muchacho de Alvarado, Veracruz. Este siendo también músico cumplía labores como Director del

Departamento de Cultura de la Universidad Valle de México en la sede de Ciudad Victoria. Ulises Zaragoza, un carajo cuya sola mirada transmite una serenidad y una nobleza tan enorme como su corazón.

Entre tantos tumbos que di por toda la ciudad, decidí una mañana pasar por su oficina con mi hoja de vida en el bolso. Llegué a su oficina sin antesala y sin avisar. La puerta estaba abierta y apenas lo vi le dije:

- *"Brother, no sé si te acuerdas de mí, pero…"* no me dejó terminar…

-*"Claro que sí te recuerdo, de hecho, supe lo que les pasó y nunca tuve la oportunidad de pedirte tu teléfono. Desde hace meses quería ponerme en contacto contigo"* respondió. Lo que pensé que sería una conversación de diez minutos, se convirtió en una charla de casi tres horas… *"Mi chamo, ustedes van a estar bien; tú eres una persona preparada y estoy seguro de que trabajo no te faltará. Déjame tu currículum y estoy seguro de que aquí necesitarán a alguien con tu perfil"* afirmó. Como ya lo dije, todo pasa por algo; cada evento llevó al siguiente y cada persona que nos cruzamos tuvo un rol clave.

CENTRO ESTATAL DE TECNOLOGÍA EDUCATIVA DE LA SET

Luego de una antesala de más de tres horas, el 12 de julio de 2012 el destino confabuló para que el Director del Centro Estatal de Tecnología Educativa (CETE) fuese a la Secretaría de Educación en la misma mañana que yo me encontraba allí. El secretario particular de la secretaría me presentó con él, pude entregarle mi currículum y en una entrevista corta pero concisa escuché una frase que esperé durante meses:

- *"Gustavo, ahorita estamos desarrollando un proyecto y estoy seguro de que con tu perfil nos harás falta. En unos días saldremos de vacaciones, pero repórtate el 15 de agosto en mi oficina para que comiences a trabajar".*

Lo había logrado… meses de ir a presentarme a tantas oficinas rindieron sus frutos. Ya tenía fecha de inicio seguro para un trabajo con Gobierno del Estado. Me sentí como la escena de la película «*En Busca De La Felicidad*» cuando el personaje representado por Will Smith sale aplaudiendo y con lágrimas en los ojos en plena calle luego de que le hicieran saber que había obtenido el empleo. En mi caso fue algo parecido, pero en la parada de autobuses que se encontraba al frente de la secretaría.

Una semana después me confirmaría la Profe Elda que la Junta Directiva había aprobado mi postulación y desde la UVM, Ulises me hacía saber que ya tenía dos grupos asignados con fecha de inicio de actividades. Ahora me sobraba el trabajo. La vida y sus vueltas hacía posible que pudiese sentarme a evaluar ofertas laborales y ver cuál de las tres opciones era la mejor e incluso (yo más atrevido) ver si podía cumplir con los tres trabajos o al menos con dos de los tres. Ahora tenía para escoger… *"Dios es más grande que una mata 'e coco"* decía -también- mi papá. Efectivamente; los niños vienen con la torta debajo del brazo, mis vecinos no se equivocaron. Era tanta la dicha que sentía, tanto el gozo y la satisfacción de ver como los puntos se iban uniendo… En menos de un año de haber llegado a Ciudad Victoria llegué a ganar la misma cantidad de dinero que me ofreció el Sr. Director en aquel contrato que nunca cumplió.

Pude arreglar mi horario para cumplir con los tres trabajos, lamentablemente en la UVM solo llegué a dar una clase; un problema administrativo impedía a la universidad contratar personal extranjero y hasta cierto punto para ellos era más fácil (lo cual entendí) asignar esas clases a profesores ya activos en la universidad en vez de hacer todo el proceso ante el Instituto Nacional de Migración. Esto hizo que fuese menos forzado para mí cumplir con mis labores en el CETE y en el Filadelfia, rutina que cumpliría cabalmente durante exactamente un año.

"HAZ PLANES Y DIOS SE REIRÁ DE ELLOS"

Todo fue planificado a detalle para que mis suegros y mi mamá estuviesen en Ciudad Victoria para la fecha del nacimiento de Tomás, nos sentíamos dichosos por poder contar con ellos en un momento tan importante y sobre todo como papás primerizos. La fecha estimada de parto era el 02 de febrero de 2013. Ellos llegarían el 25 de enero, lo que nos daría tiempo suficiente para estar preparados con la logística necesaria para la llegada del primogénito.

Aimée asistió a su cita de control prenatal en el hospital el viernes 18 de enero, el examen de rutina hizo que Aimée rompiese fuente y la llegada de Tomás se adelantara dos semanas… ahora nuestra familia llegaría una semana tarde. El momento nos tocaría solos, con los pocos amigos que nos había regalado la vida y quienes no nos desampararon.

En México, la regla de oro de la salud pública para los embarazos es que la primera opción siempre sea el alumbramiento. Solo en casos en los que no sea posible el alumbramiento, el obstetra de guardia puede autorizar el nacimiento por cesárea. Tomás venía pesando más de tres kilogramos, lo cual hacía bastante complicado un parto. Sin embargo, la terquedad de la obstetra de guardia le hacía insistir en la posibilidad de un parto. Pasaron aproximadamente siete horas desde la ruptura de fuente, la guardia cambió y el nuevo obstetra de guardia molesto con la guardia anterior autorizó la cesárea. Tomás nació una noche de invierno con sus tres kilos y doscientos gramos. Debido al tiempo que pasó entre la ruptura de la bolsa hasta su nacimiento, nació con riesgo alto de infección. Esto se traducía en que debía estar hospitalizado entre 48 y 72 horas, lapso en el cual le efectuarían una serie de exámenes para descartar infecciones en la sangre, infección en ojos, oídos, vías respiratorias, entre otros. Desde el momento de su nacimiento solo lo podíamos ver a través de la ventana del "cunero" (retén). Nadie podía estar en contacto con él más que su enfermera y el médico para su chequeo periódico.

Una vez más; el estar lejos, el ser ajenos, el ser parte de un sistema nuevo y un poco confuso para quien no crece en él, jugaba en nuestra contra.

Algunas de las reglas del hospital donde nació Tomás:

- En el piso de "mujeres" (como le llaman al piso de cuidado posnatal) no podían pasar la noche acompañantes hombres.

- Los informes médicos que daban parte de la evolución de los niños en el cunero eran dos veces al día, si el papá (o sea, yo) o quien estuviese acompañando a Aimée no estaba en la puerta del cunero a la hora del informe, debía esperar hasta el siguiente informe.

- Ni siquiera Aimée podía estar en contacto con Tomás. Esto con el fin de que, si el niño tenía algún tipo de infección, ella no fuese contagiada… (¿En serio?).

- Como papá del niño o como esposo de la hospitalizada, yo solo tenía derecho a ver Aimée en las horas de visita, las cuales eran solo un par de horas por día.

Aimée pasó su primera noche en el hospital con una persona que fue nuestro ángel tanto en el nacimiento de Tomás como en el de Mateo (nuestro segundo hijo). La Sra. Nora Zavala, mamá de tres de mis estudiantes en el colegio y quien por fortuna trabajaba en ese hospital y en cuanto me vio y supo toda la situación se puso a la orden para pasar la noche con Aimée. Con la Sra. Nora hice catarsis, casi llorando por lo ilógicas que me parecían las reglas de aquel hospital. Nunca se me acabarán las palabras de agradecimiento para con la Sra. Nora.

Difícilmente olvidaré esa noche. Luego de cerciorarme que Aimée ya estuviese instalada en la habitación y de las muchas palabras de aliento de la Sra. Nora, me fui a la casa sólo, como alma en pena. Al poco tiempo de haber llegado a la casa, aun nervioso y preocupado, uno de mis vecinos quien se había enterado del nacimiento de Tomás quería felicitarme, tocó la puerta y hasta hoy recuerdo cada una de sus palabras. Su sabiduría me confortó y a la vez me hizo reflexionar en algo en lo que aún no había caído en cuenta entre tanto alboroto:

- *"Todo va a estar bien. Te diré algo que me dijeron el día que nació mi primera hija; 'recuerda muy bien la noche de ayer, fue la última noche en la que dormiste tranquilo'. Cuando uno es papá, ya no duerme igual hasta que los hijos cumplen -más o menos- cuarenta años. Aun así; uno seguirá preocupándose por ellos".*

No había caído en cuenta que ya era papá… y aunque esa primera noche como papá la pasé sin mi esposa y sin mi chamo, ya había comenzado un nuevo capítulo, accidentado y con angustias pero que eran parte de eso. Era parte de ser papá.

El sábado los exámenes no mostraban muestra de infección y Aimée se pudo levantar y ver a Tom desde la ventana del cunero. El domingo igual; veíamos como lo alimentaban y como lo bañaban. El lunes 21 de enero al fin le dieron el alta tanto a Aimée como a Tomás y al fin pudimos tener contacto con el muchachito que tanta brega nos estaba dando incluso con dos días de haber nacido. Las lágrimas estaban a la orden, la felicidad que nos embargaba era solo comparable con el alivio de saber que, a la final, todo salió bien.

Como ya lo dije; tener hijos fuera de mi país es uno de los retos más difíciles que me ha tocado asumir. Luego, salir con esos mismos niños a un país -también- extranjero es algo con el mismo nivel de dificultad. Nunca sabré lo que es ver a un hijo mío nacer en mi propia tierra, no conocí sensación distinta a la de ver a mis hijos nacer en suelo extranjero. Siento respeto y admiración por cada padre y madre cuyo hijo nació en un país distinto al suyo y vaya el mismo respeto y admiración para los padres que tuvieron que cambiarse de país con sus hijos pequeños.

Madres que cruzan la frontera de manera legal o ilegal con sus hijos en brazos, niños que cruzan a pie, o que pasan escondidos en un carro con el fin de encontrar todo aquello que injustamente no conseguirán en su país: bienestar, seguridad, crecimiento en un entorno sano, prosperidad e incluso respeto por la vida. Con esto no quiero justificar ni auspiciar la migración ilegal, como ya lo he dicho: migrar de manera legal no nos exenta de pasar tantas o más penurias que quien lo hace de manera ilegal. Pero el solo hecho de haber nacido en un lugar con desventajas económicas a causa de terceros y que nuestros hijos paguen por ello se convierte en una frustración inmanejable, por ello hacemos todo lo posible por disminuir esa desventaja, ahora la desventaja no es geográfica, se convierte en una desventaja sociocultural.

El mismo Tomás, el niño noble de ojos grandes y sonrisa tímida, ha sufrido por no hablar de manera fluida el inglés. En sus primeras semanas en la escuela se orinó en los pantalones porque no supo explicarle a su maestro que necesitaba ir al baño. Esto hizo que su mamá le diseñara una tarjeta con frases en inglés que debía mostrar en este tipo de situaciones. Y como está, ha tenido que pasar por varias vicisitudes que van desde calificaciones deficientes por la lectura, así como ser víctima de burlas por mostrar su frustración al no poder expresar lo que quiere en otro idioma.

El gran Tomás salió de su México natal con apenas cuatro años y uno de los últimos recuerdos que tengo de esto es tener que ir a buscarlo temprano a su guardería por amenazas por parte de los carteles. Estos anunciaron abiertamente a través de redes sociales y llamadas telefónicas que se encargarían de 'levantar' (secuestrar) a hijos de funcionarios públicos del estado de cualquier nivel y rango en las escuelas de la ciudad. En aquel momento yo trabajaba en la Secretaría de Seguridad Pública del estado, se podrán imaginar lo que un rumor así genera en cualquier padre. Cuando llegué a la guardería había un guardia de seguridad privado encargado de controlar el acceso al recinto.

"Son cosas a las que estamos expuestos Gus. Por el trabajo que tenemos nuestros hijos pasan a ser blancos" me decía mi jefa en aquel momento con lo que podría describir como "serenidad nerviosa". El entorno se encargaba de recordarme mi vulnerabilidad por ser extranjero. Creo que ya estaba empezándome a acostumbrar a eso, pero, ahora la vulnerabilidad incluía a mis hijos, era algo a lo que no estaba dispuesto a acostumbrarme. Una cosa es saber que yo estaba en riesgo, otra cosa muy distinta era saber que ahora ellos también lo estaban.

A pesar de todo, puedo decir con orgullo que mis hijos son mexicanos con papás venezolanos y viviendo en los Estados Unidos. Para ellos será todo un reto salir adelante y poder lograr sus metas. Pero ¿qué sería la vida sin retos? No me arrepiento en ningún momento por cada decisión que hemos tomado en pro de su bienestar. Me siento satisfecho porqué en el fondo sé que ellos siempre sabrán que todo lo que hicimos, lo hicimos por ellos. Y estoy seguro de que esa misma satisfacción la comparto con muchos padres que estuvieron dispuestos a pasar las penurias iniciales, como las que pasamos nosotros, estando solos en el extranjero con un niño recién nacido. Pero en el fondo estando convencidos de que esa situación es pasajera y que al largo plazo todo eso habrá valido la pena con el fin de ofrecerle a nuestros hijos una vida mejor.

5. FAMILIAS DIVIDIDAS

El arraigo familiar es parte esencial de nuestra cultura como latinos. Tengo tres años viviendo en Estados Unidos y es raro escuchar a un americano decir cosas como *"Voy a pasar el día con mis primos y prepararemos comida"*. O mucho menos cosas como *"Mis tíos se aparecieron en casa sin avisar, se armó una reunioncita improvisada y estuvimos hasta las 6:00 am echando cuentos"*. Ese tipo de cosas solo se ven en los países de uno, donde creces rodeado de toda tu familia. Los primos son como nuestros hermanos, los tíos son como otros papás que nos regala la genética y la vida en un afán de hacernos sentir que nunca estaremos solos.

Latino que se haga llamar *latino* conoce el nombre de todos sus primos. Jugó a las escondidas tanto con sus primos por parte de papá como por parte de mamá. Sus tías les llaman por su nombre con diminutivo (Juancito, Ernestico o Gustavito). Tengan la edad que tengan siempre los llamarán de esa forma. Particularmente hasta a los hermanos y hermanas de mis tíos políticos los considero familia y les llamo tío o tía y sus hijos -para mí- son mis primos.

Crecí en una familia con veintidós tíos y tías por parte de papá, esta es la suma de los hermanos de mi papá, sus primos, sus tíos (a los cuales yo cuento como tíos, recuerden; soy latino), y sus respectivas parejas. Por parte de mamá tengo veintiún tíos y tías contando las parejas de cada uno de ellos y los tíos de mi mamá a quienes también cuento como mis tíos y sus hijos para mí son mis primos. Esto me hace acreedor de un total de treinta y ocho primos y primas por parte de mi papá y de veinticinco primos y primas por parte de mi mamá. Eso sin contar a lo que llamo mis "primos políticos" que son una miríada más.

Las reuniones familiares por el lado de mi papá o por el lado de mi mamá eran eventos que no se planificaban. Eran reuniones espontáneas, no había grupos de *WhatsApp* o de *Facebook*, solo un par de llamadas telefónicas y de repente estaba un apartamento full de gente, riendo y compartiendo como si no se hubiesen visto en años. Hoy lo recuerdo y era algo común. En la actualidad creo que para poder hacer lo que en aquel momento era espontáneo, hoy implicaría un esfuerzo inimaginable y una logística de meses para poder reunir a alguna de mis familias.

Uno o dos fines de semana al mes era usual que mi tío Jesús hiciera un sancocho o un mondongo en su apartamento y a medida que iba transcurriendo el sábado fuese apareciendo familia. Primos y tíos gustosos por compartir lo ameno de una "reunioncita" familiar. Tío Jesús, su esposa tía Aurea (Tía de mi mamá) y sus hijos Javier, Michel y Sherry, aparte de ser mi familia eran mis vecinos. La vida no me pudo regalar mejores vecinos. Mis tíos eran mis segundos papás y a sus hijos los considero mis hermanos. Esta dinámica hacia especial el crecer donde crecí, en las noches de aquellas "parrandas" como les llamábamos, era también común que mi papá desempolvara su Cuatro y cantara junto a mi mamá canciones del folclor zuliano. Mis primos y yo jugábamos a cualquier cosa que se nos ocurriera. Nos turnábamos entre el *Atari* o el *Nintendo* pasando por jugar El Escondite, Toqui-toqui Paralizado, Ladrones y Policías y cualquier otra dinámica grupal que generalmente terminaba en alguna discusión infantil (protagonizada por mí, claro).

Si me preguntan cómo me imagino el cielo, para mí debe parecerse a aquel apartamento con paredes de espejos lleno de mis primos y tíos. Creo que es la única escena que guarda mi memoria donde recuerdo a todos y a cada uno de los miembros de mi familia siendo felices.

En los cumpleaños no faltaba el "¡Ay que noche tan preciosa!" (La versión venezolana de Las Mañanitas) al son del Cuatro o de alguna guitarra de algún compadre. Era normal asistir a todos los cumpleaños, bautizos, primeras comuniones, confirmaciones o cualquier otra excusa para reunirnos y celebrar en familia.

Mis abuelos maternos, junto con los hermanos de mí mamá y sus respectivas familias vivían en Cabimas; una ciudad en la costa oriental del Lago de Maracaibo, que se encuentra a cuarenta y cinco minutos de Maracaibo. Parte del recorrido que lleva hacia Cabimas desde mi ciudad natal es a través del Puente Rafael Urdaneta. Una construcción de concreto de ocho kilómetros de largo tendida sobre el lago de cristal cuya brisa me cobijó desde niño. Para mí, el pasar por este puente era la antesala para reunirme con mis tíos, mis primos y mis abuelos y era *una fija* ir el día de las madres y el día de los padres. Aun en el presente, cuando paso por algún puente siento esa emoción enmudecida, aunque conscientemente sé que no voy a Cabimas o que no voy de regreso a Maracaibo.

Ya les hablé de las navidades; estas eran mayormente en casa de mis tíos por parte de papá. El intercambio de regalos, la cena, la música y demás tradiciones que iban desde comer las doce uvas a las doce hasta sacar a "pasear las maletas" para que el año nuevo estuviese lleno de viajes. Hoy recuerdo esto entre risas. Creo que se nos fue la mano paseando esas maletas…

El primer familiar migrante que tuve fue mi tío Néstor quien vivía en Caracas junto con su familia y quien iba a Maracaibo durante las navidades. Era lo más cercano que conocí a tener familia "lejos".

"La familia es lo primero" no era una frase trillada en mi tierra. Crecí viendo como realmente la familia era lo primero, lo segundo y lo tercero. Estoy seguro de que muchos se sentirán identificados con muchas de las tradiciones y de los escenarios descritos. Hasta ahorita no he conocido a ningún latino que comparta conmigo su experiencia sobre la migración y que no me diga entre las primeras palabras *"Estar lejos de mi familia es una de las cosas más difíciles"*. Y es que la familia para nosotros va más allá de nuestros papás, nuestra esposa (o esposo) y de nuestros hijos. Conozco personas que aún se deprimen en alguna fecha especial, en algún cumpleaños de un familiar que está lejos, o en alguna fecha festiva en su país de origen y lo entiendo perfectamente. Yo perdí la cuenta de los cumpleaños que me he perdido. No estuve en el nacimiento de mi sobrina ni en la muerte de mi abuela por parte de mi mamá. Ahora lo común es perderse los bautizos, primeras comuniones, confirmaciones y cumpleaños; incluso muertes y nacimientos.

Cuando nació Tomás, mis allegados en México me decían cosas como *"bueno, ya la familia está completa."* Y yo entendía lo que me querían decir. Pero en realidad, para mí, mi familia estaba lejos de estar completa. Con el paso del tiempo asimilé esa diferencia entre Familia y Familiares; asumí que mi *Familia* es mi esposa y mis hijos; mis tíos, primos y demás personas a quienes llevo siempre en mi corazón son mis *Familiares*, personas de quienes aprendí todo y a quienes debo todo.

Aun siento un vacío enorme en el pecho al saber que mis hijos no sabrán lo que es pasar su niñez jugando a las adivinanzas con sus primos. No sabrán lo que es salir con sus tíos a comer helados y pelearse con algún primo por ver quién va en el asiento de adelante. Una de las cosas que siempre pesa es el saber que esa dinámica familiar, ese sancocho, esa parranda y ese cumpleaños en casa de tía, fue una etapa que hoy solo guardo en mis recuerdos y que lamentablemente será algo que no volverá.

DE VISITA AL TERRUÑO

A finales de 2013 luego de varios meses de ahorros y luego de que la familia de Aimée nos ayudara económicamente a costear una parte de los boletos, pudimos pasar fin de año en Maracaibo. Fue un maratón que hoy recuerdo con dulzura y nostalgia:

Salimos de Ciudad Victoria en un viaje de tres horas en autobús hacia Monterrey. En Monterrey tomamos un vuelo hacia Ciudad de México y de Ciudad de México volamos a Bogotá. En Bogotá esperamos un par de horas para el vuelo hacia Caracas y en Caracas debíamos esperar seis horas para el vuelo a Maracaibo.

Salimos de Ciudad Victoria el 17 de diciembre a las 1:00 pm y llegamos a Maracaibo al día siguiente a las 9:00 pm. Cuando salimos de Victoria por primera vez en más de dos años, sentimos una extraña sensación de "¡Lo logramos! ¡Pudimos salir!" y es que en algún momento llegamos a sentir que sería muy difícil salir de la ciudad con todas las situaciones que vivimos. Desde 2011 hasta aquel día no nos alejábamos a más de veinte minutos de nuestro departamento.

En Monterrey nos esperaba un hijo de la Profe Elda quien muy amablemente se ofreció a llevarnos hacia el aeropuerto ya que, como ya lo dije, no nos sabíamos mover fuera de ciudad Victoria. Y la profe en su afán de cuidarnos, le pidió el favor a su hijo mayor para que nos llevara desde el terminal de autobuses hasta la puerta de la terminal internacional. Luego de una espera de un par de horas tomamos el vuelo hacia Ciudad de México. Llegamos a la terminal *nacional* y debíamos movernos a la terminal *internacional*. Algo de rutina se convirtió en un susto enorme ya que (con el tiempo contado), debíamos trasladarnos en un autobús que reubicaba a los pasajeros desde un terminal hacia el otro. El autobús hizo una parada intermedia y nosotros, impulsados por el apuro, nos bajamos pensando que ahí estaba la terminal. Cuando nos bajamos, nos vimos en la entrada de una estación del Metro de Ciudad de México, tuvimos que tomar el Metro para poder llegar a la terminal internacional. Y luego debimos caminar diecinueve puertas para llegar a la puerta de embarque de la aerolínea con la cual viajaríamos hasta Bogotá. Ahorita lo recuerdo y me da risa, en Maracaibo tenemos un término para las personas que no se saben mover fuera de su lugar de origen: '*Montunos*', y así nos sentíamos.

Ya con los sellos de migración, esperamos media hora para tomar el vuelo de Ciudad de México hacia Bogotá. La sensación era la misma que cuando salimos de Ciudad Victoria, pero en un grado mayor. Tanto Aimée como yo dejamos escapar un par de lágrimas tímidas al saber que habíamos podido salir y que cada vez estábamos más cerca de nuestro hogar.

Pasamos la noche volando, llegamos a Bogotá a las 6:00 am e inmediatamente (para evitar que nos sucediera lo que pasó en México) nos trasladamos a la puerta de embarque que nos correspondía. En la pantalla se veía enorme "CARACAS – 9:00 am". Ya en la puerta de embarque se empezaba a escuchar el acento venezolano y la emoción que sentíamos era sin igual. Estábamos cada vez más cerca.

Aterrizamos en Caracas a las 2:00 pm, luego de pasar por el puesto de migración y aduana debíamos cambiarnos de la terminal internacional al nacional para esperar nuestro vuelo hacia Maracaibo. En la terminal nacional empezábamos a ver caras conocidas, ex vecinos, entre otras personas que formaron parte de nuestra vida en Venezuela. Ya estábamos en Venezuela, pero aún no lo asimilábamos, el vuelo hacia Maracaibo sufrió un retraso (normal) y tuvimos que esperar por más de seis horas para finalmente abordar el avión.

He vivido muchas cosas en mi vida que me han hecho sentir emocionado. Cantar en vivo en festivales, un primer beso, manejar por primera vez, salir en televisión, estar en algún programa de radio, el día de mi boda, ver la cara de mis hijos recién nacidos, entre muchísimas otras situaciones. Creo que la emoción que sentí aquella noche del 18 de diciembre de 2013 al escuchar a la aeromoza decir *"Por favor, ajusten sus cinturones (…) en breves momentos comenzaremos el descenso hacia el Aeropuerto Internacional "La Chinita", aeropuerto que sirve a la ciudad de Maracaibo…"* está fácilmente en la lista de las diez emociones más fuertes que he sentido en mi vida. En mi mente empezaron a sonar gaitas maracaiberas, mi boca empezaba a sentir el sabor a tequeños, olía el perfume de mi mamá, y desde ese momento podía sentir el calor de mi tierra y de mi gente mientras se empezaba a dejar ver por la ventana del avión la inmensidad del lago.

Cuando cruzamos aquel pasillo de unos treinta metros de largo desde donde estaciona el avión hacia la terminal, Tomás en el coche y Aimée y yo caminando cada vez más rápido; empezábamos a ver las caras de nuestra familia en la ventana que da hacia la terminal, gran parte de nuestras familias nos estaban esperando en la terminal. Aquellos rostros que no veíamos desde septiembre de 2011 (parecía que no las veíamos desde mucho antes) nos esperaban. Pasaron dos años y tres meses, pero en nuestras mentes había pasado mucho más tiempo. La dulzura del momento solo la podría comparar con el dulzor de un chocolate venezolano o de un agua de papelón.

Pasamos unas vacaciones inolvidables, Tomás pudo jugar con sus primos a quienes no conocía hasta ese momento y aunque estaba pequeño daba gusto verlo compartir con gente que era su familia. Nosotros con sentimientos encontrados, no queríamos que llegara el día en el que tuviésemos que regresar a México, pero por otro lado sabíamos que aparte de nuestra familia, era muy poco lo que Venezuela (ya distinta, más acabada y sobajada) nos podía ofrecer.

Nos llevamos muchos momentos gratos y muchos recuerdos que permanecerán impresos en nuestras memorias. Aquella primera vez que fuimos a Venezuela de vacaciones luego de haber salido de ella, la familia permanecía en nuestros corazones y el contacto con ellos era algo que no se perdería.

No todos tienen la suerte de poder regresar a sus países de origen una vez salieron de él, hay quienes salieron y han pasado cinco, diez, quince o veinte años fuera de su tierra. Para ellos: mis respetos. Estoy seguro de que cada uno tiene clara su concepción de familia y su importancia para sus vidas y para su bienestar. La familia no tiene que estar cerca para sentirse cerca. Como bien lo dijo mi mamá en el episodio del podcast que tuve la oportunidad de grabar junto con ella *"ahora la tecnología es extraordinaria (…) ahora que hay videollamadas por WhatsApp."* Actualmente estoy en, al menos, tres grupos de *WhatsApp*; uno con mi familia por parte de Mamá, uno con mi familia por parte de Papá y uno con la familia por parte de mi esposa. La tecnología con el paso del tiempo nos va acercando más y esto es un beneficio único para nuestra generación. Aunque nada reemplazará el contacto físico ni el estar presente en cuerpo y alma en una reunión familiar, no se siente tanto la lejanía cuando presionando un botón se puede grabar un mensaje para hacer un anuncio a la familia. O se puede saber que la tía está un poco enferma y qué remedio le puso el médico. Mis hijos hablan con sus tíos y con sus abuelos por videollamadas y el cariño que les muestran cuando los pueden ver físicamente con el paso de los años es igual a como si los hubiesen visto días atrás. Es cierto que la dinámica no será nunca la misma, pero al menos la familia sabe que uno está "lejano, pero no ausente".

La migración, aunque motivada por la búsqueda de una mejor calidad de vida y en ocasiones (para muchos de nosotros) es una vía de escape para situaciones de riesgo, el primer reto al que nos enfrentamos como migrantes es el distanciamiento físico entre nosotros y nuestros allegados. Hay dinámicas familiares que podríamos atravesar y que son un poco más complicadas, a continuación, plantearé lo que -en mi opinión- son situaciones familiares más complejas:

- **Hijo Migrante | Mamá y/o Papá en país de origen (una de las situaciones más comunes);**
- **Esposo Migrante | Esposa en Espera para Migrar (o viceversa);**
- **Papá y/o Mamá Migrante | Hijos en país de origen.**

HIJO MIGRANTE | MAMÁ Y/O PAPÁ EN PAÍS DE ORIGEN

Esta es una de las situaciones más comunes. Normalmente los hijos salen del país de origen en busca de nuevas oportunidades de crecimiento profesional, de crecimiento económico, entre otros. Los papás se quedan en el terruño con sentimientos encontrados. Por un lado, contentos de ver que sus hijos pueden lograr todo lo que en su país no pudieron lograr. Esto hace posible que económicamente sean apoyados por ellos y que se sientan tranquilos al ver el bienestar y la seguridad que gozan en tierras lejanas. Por otro lado, la distancia y el no poder disfrutar esos logros junto con ellos hace que todo lo descrito anteriormente se vea empañado por una sensación de duelo y de tristeza.

Para quien se encuentre en esta situación además de recomendar lo obvio: que busquen migrar a países donde sea posible que los padres puedan viajar sin mayor dificultad. Cuando recién se emigra es complicado poder proveer boletos para que los padres puedan ir de visita. Aparte de que normalmente cuando recién se sale del país la mayoría dormimos en colchones inflables en una habitación pequeña y con muy pocas comodidades como para recibir a nuestros padres. Pero al cumplir con esta condición, con el paso del tiempo la visita de ellos puede ser posible. La primera vez que vi a mi mamá luego de haber salido de Venezuela fue después de casi dos años y, aunque su visita fue gracias a la ayuda de familiares que colaboraron para cubrir los gastos de los boletos, tenía cómo poder ofrecerle ciertas comodidades y como poder proveer para ella durante su estadía. Luego de esa ocasión la vi un año después y luego nos veíamos con un poco más de regularidad a medida que mi hermano y yo íbamos progresando económicamente.

Recomiendo también mantener siempre un canal de comunicación abierto con los padres y sobre todo con personas allegadas a los papás. En países en crisis (como el mío) muchas veces nuestros papás nos dicen que todo está bien, pero lo hacen para no generar preocupación. En estos casos lo mejor es cerciorarse del estado de los papás a través de personas allegadas a ellos.

ESPOSO MIGRANTE | ESPOSA EN ESPERA PARA MIGRAR (O VICEVERSA)

En mi opinión, esta es una de las situaciones más complejas y delicadas. Este tipo de escenarios debería ser la última opción a la hora de emprender cualquier proyecto de migración. Si se agotaron las opciones y no hay más que esto o si actualmente se encuentran en esta situación recomendaría la elaboración de dos o tres planes alternativos. Por ejemplo, cuando yo salí de Maracaibo, Aimée se quedaba; y para eso en particular tenía tres planes:

a. El plan original, que Aimée viajase dos semanas después que yo y que este viaje fuese gestionado por la escuela.

b. Si las cosas no salían bien, yo regresaría un mes después a Maracaibo.

c. Si no se cumplía lo anterior, buscaría a toda costa hacer dinero por mis propios medios para costear el boleto de Aimée. Esto incluía desde dar clases particulares hasta tocar en plazas y autobuses de ser necesario.

Para mí, salir de Venezuela era prioritario, pero no tenía más prioridad que mi matrimonio, es importante tener esto claro. Con esto no quiero decir que, si se encuentran, se encontraron o se encontrarán con esta situación significa que para ustedes sus matrimonios no son prioritarios, No. Solo que a veces el desespero por salir puede más que cualquier razón. El desespero y el pánico son emociones que disparan nuestro instinto de supervivencia, lo que genera que no pensemos, sino que reaccionemos y las reacciones motivadas por el desespero y el pánico suelen pensarse en singular y no en plural.

Es triste saber de muchísimas parejas que se divorcian a causa de la migración. Y más difícil saber si esas separaciones son realmente a causa de la migración o si la migración fue más una consecuencia que una causa.

La comunicación en este tipo de situaciones es vital. De por sí la comunicación en toda relación de pareja es importante, en esta situación la comunicación pasa a ser trascendental. Cualquier cambio de planes, ideas, opiniones, dudas o inquietudes es imperativo expresarlo en el lapso en el que se está lejos de la pareja y sin dilación.

Mi recomendación en esta situación es evaluar y repasar bien las dos primeras fases del proyecto, a saber, *Decisión y Planificación*. Aunque todos funcionamos de manera distinta, en estos casos recurro a la lista de Pros y Contras para poder evaluar si realmente algo me conviene o no. Aunque suene fácil teóricamente hablando, sé que es difícil en la práctica. Pero si no es posible migrar junto a la pareja es preferible esperar hasta que se pueda salir juntos. Con todo y mis tres planes; las dos semanas que pasé lejos de Aimée fueron difíciles tanto por la lejanía como por lo concerniente a su viaje. Pensaba «espero que no tenga problemas en migración», «ojalá no pierda el vuelo», «¿podrá con todo el equipaje?» y otras interrogantes más pesimistas que se cruzaron por mi cabeza durante el día que le tocó viajar.

PAPÁ Y/O MAMÁ MIGRANTE | HIJOS EN PAÍS DE ORIGEN

Si mi mamá sale del país y yo debo quedarme no le vería mayor problema, ahora; imaginar que *yo* tenga que salir del país y que *mis hijos* tengan que quedarse es algo que, incluso siendo una situación hipotética, a mi mente le cuesta asimilar.

Hay un sin número de personas que actualmente están en esta situación. Sus familias son separadas. Según *CNN En Español* en los Estados Unidos (solo por mencionar un ejemplo) en 2019 más de doscientos cuarenta y cinco niños fueron separados de sus familias en la frontera. Este número fue solo una estadística tomada desde junio de 2018 a febrero de 2019 a causa de la deportación de sus padres, en su mayoría por casos de criminalidad, enjuiciamiento, entre otros.

En casos menos radicales los papás deciden salir del país en busca de oportunidades de empleo y los hijos se quedan con su familia en sus países de origen. Ninguna persona deja a sus hijos solos *por gusto*, siempre hay una causa de peso. El vínculo con los hijos es tan fuerte que muchos terminan sucumbiendo en los primeros intentos de búsqueda de una nueva vida fuera de sus fronteras. En otros casos esta ruptura temporal genera una motivación de alcances inimaginables para lograr las metas propuestas. Dicho esto, podemos encontrar distintas circunstancias dentro de este grupo de situaciones:

- **Hijos en país de origen | Padres en el exterior**
- **Hijos (menores) en el exterior | Padres en el país de origen**

Cualquiera sea la situación y el contexto, toda separación es dura. Por lo que es estrictamente necesario procurar tener cierto control del entorno en el que dejamos a nuestros padres y más aún en el caso de dejar a los hijos. Aunque nunca tenemos el control total de ningún entorno y mucho menos si nos encontramos fuera de nuestra frontera, es posible tener, al menos, un poco de control sobre estos.

Luego de escuchar testimonios como el de Rony y el de Julio (ambos en mi Podcast) quienes se encuentran en esta situación, es difícil no sentir en cada uno de ellos cierto tono de frustración por el hecho de estar separados de sus hijos. *"Es un poco emocional realmente, pues al principio no ha sido nada fácil para mí…"* decía Julio. Sin embargo, también se puede percibir cómo ambos están seguros de que la decisión que tomaron fue la mejor. Y ambos coincidieron en que la clave en este tipo de situación es la comunicación. Los canales de comunicación deben estar abiertos y no me refiero solo a los medios (llamadas telefónicas, videollamadas, mensajes, etc.) sino a la apertura de la comunicación entre los papás y sus hijos. Debe ser tan abierta, que si al niño o joven que está en Guatemala le duele la cabeza durante más de cuatro horas, su papá o su mamá en México debe saberlo para poder tomar medidas desde México y poder ayudarle a accionar, solo por mencionar un ejemplo.

Cuando hablo de este tipo de situaciones recuerdo mucho a Jorge, mi compañero de cuarto y gran compañero de aventuras, cuando tuve la oportunidad de trabajar en Panamá City (Florida) en 2018. Tenía mucha afinidad con él ya que es originario de Tamaulipas, y nunca olvidaré una ocasión en la que pasó más de tres horas hablando con su esposa en Brownsville sobre una situación que se presentó en la escuela de su niño. Aparentemente en un malentendido en su salón de clases, la maestra estaba haciendo responsable a su hijo por haber roto los lentes correctivos de uno de sus compañeros de clases. Me llamó especial atención lo inmerso que estaba Jorge -a pesar de la distancia- en esa situación. Luego de hablar con su esposa, habló con el niño y el niño le explicaba detalladamente lo sucedido. Quedé fascinado con el nivel de comunicación que tenían, cuando terminó la llamada me comentaba lo sucedido y el día siguiente diligentemente retomó el tema con su esposa a manera de revisión. Este tipo de apertura es clave cuando los papás se encuentran lejos de sus hijos y sobre todo cuando los hijos son menores de edad.

Es importante también que ese "Entorno Secundario" (donde los hijos quizás están en sus casas, pero no con sus dos padres, sino con sus tíos o en algunos casos con sus abuelos), sea sano para ellos. De esta manera el papá o la mamá migrante podrán permanecer tranquilos sabiendo que sus hijos estarán bien cuidados y se podrán enfocar en hacer todo lo pertinente, bien sea para poder proveerles o para lograr la reunión familiar en el menor tiempo posible. En el caso del papá que se queda en el país de origen, esta tranquilidad se vuelve valiosa para poder enfocarse en realizar los trámites o en poder generar el dinero necesario que permita gozar posteriormente el hecho de estar nuevamente cerca de sus hijos.

Como lo mencioné en párrafos anteriores, muchas veces la separación es involuntaria o forzosa. Una deportación o algún tipo de proceso similar, hace que la separación esté lejos de ser planificada. Sin embargo, para las personas que se encuentran en cualquier país de manera irregular es altamente recomendable que cuenten con un plan preciso en caso de que estas separaciones sucedan. Este es el caso de una gran amiga mexicana (quien para fines de este libro y por razones obvias utilizaré un pseudónimo tanto para ella como para su familia). Keila estuvo dieciséis años en los Estados Unidos de manera irregular junto a su esposo Alberto, viviendo en EE.UU. nacieron sus hijos Lisandro y Martina. Keila y Alberto tenían un plan de emergencia bien elaborado y muy puntual -desde que sus hijos estaban pequeños- en caso de que ella, su esposo o (en el peor caso) ambos fuesen deportados; tenía cartas firmadas y notariadas que autorizaban a personas específicas para recoger a sus hijos donde estuviesen y llevarlos a México junto con ella. Actualmente Keila se encuentra de manera regular en el país y sus hijos ya son adolescentes, aun así; en su afán de tener un plan emergente, cada uno, tanto ella como sus hijos, así como Alberto, saben qué hacer en caso de que alguno de los dos, por alguna u otra razón deban regresar a México en contra de su voluntad.

La familia es el lado por donde uno más flaquea. Actualmente cuando me preguntan qué es lo que más extraño de Venezuela debo buscar palabras claras, pero a la vez sutiles para explicar que básicamente lo que más extraño de mi país ya no se encuentra en mi país; mi familia. La mayor parte de esta está regada por el mundo. Los treinta y ocho primos por parte de papá y los veinticinco por parte de mamá se encuentran distribuidos entre: Chile, Argentina, Ecuador, Panamá, Colombia, Perú, México, Estados Unidos, España, Luxemburgo, Reino Unido y Azerbaiyán, probablemente con el paso de los años la lista irá aumentando. De ellos, solo unos pocos quedan en Venezuela.

Mis hijos se acostumbraron a que sus tíos son por temporadas, aunque siempre cuentan con el cariño de ellos. También conocen el cariño de quienes los quieren, aunque no sean su familia consanguínea. No son como yo, que a todos los que aprecio llamo *tío o tía*. Y es que para el venezolano de mi generación es común llamar *tío o tía* a los papás de nuestros amigos, incluso a los tíos de nuestros amigos y hasta a aquel vecino que conocemos desde que somos niños.

La Sra. Cecilia con sus hijos, sus hermanos y su mamá, La Profe Elda y su esposo Don Toño y nuestros vecinos David Galindo y su esposa Roxana y mis hermanos de otra mamá Jesús Tapia y Linkya Tapia eran lo más cercano a la familia que teníamos. Nos reuníamos varias veces al mes a la típica carne asada, a ver campeonatos de boxeo, a degustar algún ron o cualquier otro tipo de actividad familiar. Esto nos hacía recordar lo que se sentía tener una familia más allá de nuestra propia familia. A fin de cuentas, me siento -por un lado- satisfecho porqué también es una forma en el que la vida prepara a nuestros hijos para un futuro. Un futuro en el que ellos deban también abrir sus alas y migrar a otra ciudad y/o a otro país. Para las nuevas generaciones de familias migrantes el *desapego* será algo natural. Ellos sustituirán palabras como *"división" o "ruptura"* (familiar) por palabras con una connotación positiva o neutral y este fenómeno será para ellos algo que no les costará mucho manejar.

6. MIGRAR LUEGO DE HABER MIGRADO

Para 2015 todo marchaba viento en popa. Entramos en una suerte de «zona de confort». Yo tenía dos trabajos con el gobierno del estado, uno en la Secretaría de Educación en el Centro Estatal de Tecnología Educativa (CETE) y otro en la Secretaría de Seguridad Pública en la Universidad de Seguridad y Justica y Tamaulipas (USJT). En este último comencé a inicios de 2014 posterior al primer viaje a Venezuela y luego de haber sido despedido del colegio donde trabajé durante un año (El Filadelfia) en agosto de 2013. La Profe Elda dimitió de su cargo como directora y la nueva dirección optó por contratar exclusivamente a profesores adventistas. Esta fue una oportunidad grandiosa para mí, ya que, de esta manera pude enfocarme en aumentar la productividad en el CETE y esto hizo posible que me recomendaran para trabajar en el proyecto de la Universidad que estaba en pleno proceso de expansión.

En México tienen una tradición para el día de Reyes. El 6 de enero de cada año las familias y los compañeros de trabajo se reúnen para «partir la *Rosca de Reyes*». Esto pone el punto final a lo que se conoce como el «Maratón Lupe-Reyes» que son todas las festividades desde el 12 de diciembre, Día de la Virgen de Guadalupe, pasando por Nochebuena, Navidad, Nochevieja, Año Nuevo hasta el día de Reyes. La *Rosca de Reyes* es un pan dulce tubular que forma un ovalo de un metro de diámetro aproximadamente, la tradición consta en que la rosca se coloca en la mesa principal del lugar de reunión y cada uno pasa a cortar su porción de esta. La rosca contiene en su interior figuras de plástico que representan al Niño Jesús. Parte de la tradición consta del mito de que «el niño» en la porción de la rosca del comensal es una premonición de embarazo. Debo decir que en 2012 (nuestra primera rosca) así como en la rosca de 2015 me tocó niño en mi porción de la rosca por lo que estoy seguro de que el mito no es tan solo un mito.

En 2015 nació mi segundo hijo, Mateo Ignacio, en una Ciudad Victoria que estaba comenzando una nueva y más cruda fase de convulsiones a causa del crimen organizado. El nacimiento de Mateo fue tan accidentado como el de Tomás, una nueva señal de que el problema no era mi concepción del sistema sino el sistema en sí.

Por el antecedente médico de Aimée con el nacimiento de Tomás, Mateo estaba programado a nacer por cesárea a finales de Julio de 2015. Aimée rompió fuente en la madrugada del 10 de julio y el médico de guardia no indicó la cesárea ya que, como ya lo expuse, en el sistema de salud pública de México la prioridad es que todo niño nazca por parto, independientemente del antecedente médico de la madre. Aimée en su instinto y sin poder aguantar más el dolor dio a luz a Mateo Ignacio el mediodía de ese día. Nuevamente la Sra. Nora salió al rescate e hizo todo lo posible porqué Aimée no estuviese sola durante su postparto. Gracias a Dios, Mateo nació sin complicaciones en su salud lo que hizo posible que al día siguiente les diesen de alta a ambos y pasáramos la noche del 11 de julio todos juntos en casa.

Esta eventualidad en la cual fuimos afortunados de que terminase de manera positiva para todos, se sumó a la situación que se vivía en la ciudad. Todo ello empezaba a reavivar las cicatrices que aún permanecían en nosotros por todo lo vivido en 2011 y 2012. Aun cuatro años después nos sentíamos vulnerables a expensas de un sistema con el que no terminábamos de estar en sintonía.

Durante 2015 y 2016 el crimen organizado optó por estrategias de terrorismo más extremas, aunado a esto, mi querido Sr. Director reaparecería nuevamente; en esta ocasión con una demanda por presuntas lesiones físicas. En octubre de 2015 recibí la notificación de la demanda donde el Sr. Director alegaba que yo le había causado lesiones físicas, por lo que debí presentarme a declarar -nuevamente- en la sede de la Policía Ministerial. En mi trabajo en la universidad tuve la oportunidad de compartir aulas con muy buenos abogados y le pedí el favor a uno de ellos para que se encargara del asunto. Yo no tenía ni el tiempo ni las energías para lidiar con eso. Era evidente que los argumentos presentados no tenían ni pie ni cabeza y la demanda fue retirada por falta de pruebas.

A finales de 2015 motivados por la frustración, decidimos que lo más prudente era salir de México, impulsivamente comenzamos a vender parte de nuestras cosas y a planificar nuestros posibles destinos. El plan era salir a inicios de 2016 pero, a inicios del mes de diciembre de 2015 decidimos permanecer un año más en Ciudad Victoria. De este modo, podríamos hacer las cosas con más calma y evaluar nuestras opciones de manera exhaustiva y poder cumplir, en esta ocasión, cabalmente con las dos primeras fases de este nuevo proyecto de migración.

Durante 2016 el entorno en la ciudad se volvió más peligroso, este año en un solo día (el 19 de febrero) miembros de los carteles pasaron por dos establecimientos comerciales disparando armas de alto calibre. El primer evento fue a las 5:00 pm en un local comercial dedicado a la compra y venta de productos de hierro y a las 11:00 pm el segundo evento fue en un restaurant-bar ubicado en la zona 'buena' de la ciudad. El Bulevar Tamaulipas, una arteria vial que atraviesa las urbanizaciones con las propiedades más caras de la ciudad y donde también se encuentra la residencia oficial del gobernador del estado. Es decir, esta situación sucedió un kilómetro de la casa del gobernador. Según el portal ABC Noticias el saldo del día fue de dos muertos y dos heridos.

Menos de un mes después, la ciudad despertó con una noticia que consternó a la sociedad victorense completa. El primer día de marzo de ese año encontraron una cava (o hielera) frente al Hospital de Niños de Ciudad Victoria la cual contenía una cabeza humana acompañada de lo que se conoce como una 'narco manta'. Generalmente consta de un pliego de papel o de tela con un mensaje escrito por parte del cartel responsable del hecho. Este mensaje va dirigido al bando contrario y, en ocasiones, dirigido a la ciudadanía o al gobierno. El hecho de que esto hubiese sucedido en plena luz del día en una zona tan concurrida como en la que se encontraba el hospital (que por cierto estaba a tres minutos de mi trabajo en el CETE) significaba que los carteles estaban alcanzando nuevos niveles de terrorismo.

La ciudad no terminaba de digerir bien la noticia cuando dos días después, el 3 de marzo, detectaron una camioneta la cual pasó varios días estacionada frente a un supermercado al norte de la ciudad. Al levantar sospechas, los cuerpos de seguridad procedieron a abrirla y encontraron en el interior de la cabina una hielera, en esta ocasión con tres cabezas humanas. Cabe destacar que cada dos semanas íbamos a ese mismo supermercado Aimée y los niños de compras (a hacer la comprita, como dirían en Maracaibo). Esto causó una conmoción tal en nosotros que, de allí en adelante y durante algunos meses iba yo solo a comprar comida. Para ese entonces nos habían coartado incluso hasta algo tan sencillo como ir al supermercado en familia.

El mismo día, el 3 de marzo, los cárteles pronunciaron amenazas ahora en contra de las escuelas en la ciudad. Ya describí como aquel día tuve que ir temprano a la guardería por los niños a causa estas amenazas. Al llegar a la puerta de la guardería tuve que identificarme con un guardia de seguridad en la entrada para que me permitiera el acceso y poder recoger a los niños.

Una semana después, el 11 de marzo varios sujetos armados entraron a un despacho jurídico en la zona centro de la ciudad y asesinaron a quemarropa a la asistente del despacho. Este despacho se encontraba justo al lado de la imprenta donde trabajaba Aimée... Nos tocaba más de cerca, Aimée me llamó consternada luego de escuchar los disparos y saber lo sucedido. En momentos así uno no sabe cómo actuar, empiezas a preguntar intentando encontrar coherencia en una situación carente de ello:

o   ¿Es un patrón?

o   ¿Es una nueva oleada que bajará eventualmente?

o   ¿Irán ahora por las asistentes de los despachos jurídicos?

o   ¿El titular del despacho tendría algún asunto pendiente con algún cartel?

o   ¿La muchacha tendría algún asunto pendiente con algún cartel?

o   ¿La familia de la muchacha tendría algún asunto pendiente con algún cartel?

o   ¿Fue uno de los muchos crímenes que suceden en México como parte de la violencia de género?

o   ¿Qué debes evitar hacer para que te agarren, te corten la cabeza y la pongan en una hielera?

Todos estos eventos generaron un grado de angustia tal, que Aimée y yo decidimos retomar la idea de salir del país, o al menos cambiarnos de estado. El entorno actual de la ciudad no era el entorno que queríamos ofrecer a nuestros hijos para su crecimiento. ¡Vamos! Salimos de Venezuela para encontrar una mejor calidad de vida. Una cosa es vivir nosotros solos ese tipo de situaciones, otra muy distinta que los niños deban vivirlas.

Aparte de todo lo sucedido, mis compañeros de trabajo en la USJT siempre me recomendaban (y más cuando había este tipo de movimientos por parte de los carteles en la ciudad) que si en algún momento llegaba a ser detenido por parte de miembros de algún cartel en alguna calle o carretera dentro o fuera de la ciudad dijese que era de Veracruz. *"Gus, si escuchan tu acento y saben que eres extranjero (y mucho más siendo de Venezuela): Te levantan"* (es decir, me secuestran). Naturalmente esto me hacía sentir un miedo terrible, pero una parte de mí intentaba consolarme pensando en que quizás era exagerado el hecho de que por ser extranjero quisieran hacerme daño. Más tarde, en 2017 al ver las noticias de lo sucedido con Pilar Garrido (de nacionalidad española) y quien fue en vida esposa de un excompañero de trabajo de la USJT entendí que no eran exageraciones.

Les voy a resumir un poco lo sucedido con Pilar Garrido para que se hagan una idea. Durante un viaje a La Pesca, Tamaulipas, una ciudad ubicada a dos horas de Ciudad Victoria, Pilar Garrido junto a su esposo Jorge Fernández y su bebé de meses de nacido presuntamente fueron detenidos por miembros de uno de los tres cárteles que acualmente operan en Tamaulipas. Según las declaraciones de Jorge; ellos abdujeron a Pilar y la mantuvieron secuestrada. Días después encontraron el cadáver de Pilar en un lugar cercano al sitio donde le secuestraron. La Procuraduría General de Tamaulipas motivados por la presión que estaba ejerciendo sobre ellos el gobierno español para que diese respuestas claras sobre el asunto, no tuvo más que culpar a Jorge Fernández por el asesinato de Pilar. La Procuraduría nunca admitió que fueron detenidos por ningún cartel. Esto sucedió en un Tamaulipas que cuenta con más de 60 mil desaparecidos solo en el período comprendido entre 2006 y 2019 según el diario *Excelsior* en su publicación de enero de 2020. No es difícil sacar conclusiones. Entonces comprendí la certeza de las palabras de mis excompañeros cuando me decían *"si saben que eres extranjero, te levantan"*.

Empezamos a estudiar nuevamente las opciones que iban desde cambiarnos de estado hacia el centro de México hasta salir del país. Entramos nuevamente en la Fase 1; *Decisión*. Consideramos opciones como Colombia y Chile. Llegamos a considerar incluso regresar a Venezuela durante un tiempo, mientras evaluábamos qué sería lo mejor para nosotros. La idea de esto era sentirnos cerca de nuestras familias y no sentir la soledad que, a pesar de todo, sentíamos en Ciudad Victoria. Y es que allí, aunque teníamos a muchísima gente buena alrededor, todo ello se veía opacado por los eventos ya descritos.

Decidimos tomarnos un tiempo y refrescar un poco el ambiente antes de tomar una decisión definitiva. Hicimos los trámites necesarios para obtener la visa americana para turistas y así poder pasar una semana con mi hermano en Miami, poder llevar a los niños a los parques en Orlando y antes de todo esto pasar un par de semanas en Maracaibo. Ese sería un tiempo que aprovecharía para hacer varios trámites que tenía pendiente y los cuales eran necesarios para nuestro cambio de estado (dentro de México) o para el cambio de país según fuese la decisión que tomáramos.

Para todo esto sería necesario pedir permisos especiales en mi trabajo. Y es que aún no decidíamos salir de México del todo. Sin embargo, nos encargamos de vender, rematar y regalar la mayoría de nuestras cosas. Me refiero tanto a cosas grandes como cosas pequeñas. De este modo, en caso de que nos cambiáramos de estado sería más fácil. El regresar todo a cajas y a las maletas no era un concepto desconocido para nosotros. Sin embargo, siempre nos pesaba hacer todo de nuevo. El materialismo hace que las cosas pesen. De nuevo tocó meter toda una casa en maletas de veintitrés kilogramos, unas de diez kilogramos y dos pañaleras. Ahí entendí que carecíamos de cultura migratoria. Otra vez pesaban las cosas y los recuerdos, otra vez pesaba el empezar de cero, eran más cosas y más momentos.

Recuerdo una conversación con un compañero de trabajo y gran amigo Ángel Morales, donde hablábamos sobre la migración. Le decía que como seres humanos somos libres de movernos e ir a nuevos lugares con el fin de estar mejor, encontrar bienestar y poder crecer. Él supo mis planes de salir de Victoria a finales de 2015 pero no sabía que estaba reconsiderando la idea de salir del país en 2016 y me decía *"Man, entonces tú eres como los nómadas"*. Inicialmente este adjetivo me impactó. Pero en el transcurso de la conversación lo fui asimilando y a la final hasta lo tomé como un halago, ya que en efecto, entendí que estaba alcanzando un nuevo nivel de *desapego* para con los lugares.

En el transcurso de los meses de septiembre hasta diciembre en Victoria, me pasó lo mismo que me pasó cuando decidimos salir de Maracaibo. La ciudad pasa a verse con un color distinto, lo que antes era verde lo empezaba a ver como en una especie de tono sepia. Empezaba a sentir nostalgia incluso cuando todavía estaba allí. Empiezas a repasar recuerdos, buenos y malos. Esto hace que uno entre en un conflicto, porque los recuerdos buenos hacen que uno se empiece a cuestionar la decisión que está tomando, mientras los recuerdos malos hacen reafirmar dicha decisión.

En noviembre de 2016 empezó la Fase de *Planificación*, introduje una solicitud de permiso para ausentarme por un período de tres semanas en mi trabajo en la USJT (técnicamente era una semana ya que dos de ellas entrarían dentro del período vacacional decembrino). A inicios de diciembre dieron respuesta a mi solicitud, el rector me hacía saber que no podían otorgarme dicho permiso. Esto hacía más latente la posibilidad de cambiar de país y no solo de estado. No es mucho lo que puedo decir sobre la USJT más allá del hecho de que hice muy buenas amistades, y hoy sinceramente agradezco que no me quisieran otorgar dicho permiso. Esto hizo que la opción más viable para mí fuese renunciar. Este fue el sello de salida previo al de migración, mi firma en esa carta de renuncia se sintió extrañamente liberadora. En el CETE mis jefes inmediatos me otorgaron el permiso sin dudar. Parte del plan era, en caso de regresar a México, al menos tener el trabajo en el CETE mientras veíamos hacia donde apuntaríamos la brújula dentro del país.

A diferencia de mi primer proyecto, en este tenía varios planes, e incluso, salidas alternativas en caso de que se presentaran situaciones de manera imprevista. Tenía un mapa mental con posibles situaciones y con las acciones que tomaría en caso de que se presentase alguna de ellas. Cada plan contaba con un plazo, de no cumplirse alguno de ellos recurriría a salidas o planes alternativos. A diferencia de la primera migración, en esta sentía que tenía el control. Por otro lado, entramos en un nivel de paranoia tal que quisimos ser discretos con nuestros planes. Esto al punto que, de las personas que conocíamos en Ciudad Victoria (jefes, amigos y compañeros), solo la Sra. Cecilia sabía que saldríamos de México. La salida debía ser bajo perfil pues ya sentíamos que nuestra seguridad estaba en riesgo.

TEORÍA DE LA MIGRACIÓN INTELIGENTE

Comencé con la idea de *Proyecto: Migración* con un blog en 2017. No obstante, nunca lo puse en línea por temor (y por vergüenza). Recuerdo que, a modo de borrador, escribí un artículo con respecto a lo que es mi teoría sobre la *Migración Inteligente*. ¿A qué me refiero con esto? Hablo de una serie de pautas que deberíamos tomar en cuenta, no solo antes de salir de nuestro país, sino para permanecer en el país al que migramos. Como prospectos a migrantes debemos plantar cimientos sólidos en base a cuatro criterios al momento de escoger el país a donde vamos a migrar. Y si ya somos migrantes, deberíamos tener en cuenta siempre estos cuatro aspectos o variables que serán la piedra angular para que nuestra permanencia en el país al cual migramos sea de provecho.

1. ***Desarrollo Profesional.***

2. ***Oportunidades de Emprendimiento.***

3. ***Buen Nivel de Ingresos.***

4. ***Afinidad con la nueva ciudad.***

- ***Seguridad*****

1. *Desarrollo Profesional*

Si eres una persona profesional con toda la intención de continuar haciendo carrera porque te apasiona lo que haces y día a día buscas nuevas maneras de mejorar, a la hora de considerar la migración debes tomar en cuenta apuntar a países que te ofrezcan estas oportunidades. No de repente. No a corto plazo. No justo al llegar. Pero a la larga el país al que migras debe permitirte retomar tu profesión y estar a gusto con lo que haces. Es difícil, por ejemplo, para el médico latinoamericano migrar a los Estados Unidos en espera de seguir desarrollando su carrera tomando en cuenta que tiene que pasar por un proceso de revalidación que es largo y costoso. Estas son razones por las cuales son pocos quienes culminan este proceso.

Si ya migraste y profesionalmente estás creciendo, considérate afortunado. Pocos tienen este tipo de oportunidades. Puede que aún no estés en tu nivel de ingresos ideal o no sientes afinidad con la ciudad o el país donde te encuentras, pero cumples con al menos una de las cuatro condiciones para que puedas considerar tu migración como exitosa.

2. *Oportunidades de Emprendimiento*

Digamos que eres un espíritu libre. Lo tuyo no es tener una carrera profesional, trabajar para una corporación con un sueldo fijo, vacaciones una vez al año, etc. Lo tuyo es el emprendimiento. Si eres prospecto a migrante entonces debes considerar migrar a un país donde las oportunidades de emprendimiento sean amplias. Digamos que eres un emprendedor en el área de diseño (diseño gráfico, web, diseño de modas, etc.) lo ideal entonces es que tu lista de posibles países tenga apertura a este tipo de mercado. *"No vais a llevar chivos pa' Coro"* es una expresión marabina que significa que la idea es llevar algo novedoso a un lugar y no llevar algo de lo que ya haya mucho.

Si ya migraste y tienes tu emprendimiento el cual provee para cubrir tus necesidades, pero probablemente no sientes afinidad para con la ciudad o el país donde te encuentras y aun no logras tu nivel de ingresos ideal, ya cumples con uno de los cuatro criterios lo cual hace que tu migración pueda ser considerada como exitosa. El nivel de ingreso y la afinidad son cosas que se pueden ir desarrollando con el paso del tiempo. Lo cierto es que con el cumplimiento de al menos un criterio todo se hace más llevadero, existe la pasión y, por ende, la motivación para lograrlo.

3. Buen Nivel de Ingresos

Esto generalmente va de la mano con los criterios anteriores, pero en toda regla hay excepciones. Puede que no te estés desarrollando profesionalmente como quieres o que el emprendimiento que iniciaste no fue en tu pasión, pero estás teniendo buenos resultados financieros. Pues bien, esto puede hacer posible que a futuro puedas costear tu pasión en Origami o en Jardinería si es lo que te gusta o si quieres trabajar como Maestro, solo por mencionar algunos ejemplos. Si tienes un nivel de ingresos mayor al que tenías en tu país, aunque no cumplas con el criterio uno, dos o cuatro puedes considerar que tu migración es exitosa.

4. Afinidad con la nueva ciudad

Conozco personas que son felices tan solo porque, luego de que salieron de su país de origen, encontraron en la nueva ciudad un lugar que va acorde con su personalidad, con sus gustos o con el estilo de vida que soñaban. Recuerdo que cuando me mudé a Tallahassee fue amor a primera vista. Los árboles, el ritmo de vida, el poco tráfico y la gente que solo por amabilidad ondeaba sus manos para saludarme. Era algo totalmente nuevo para mí. En aquel momento no me estaba desarrollando profesionalmente. Tampoco mi emprendimiento me estaba generando el nivel de ingresos que esperaba. Es decir, no cumplía con los criterios uno, dos o tres. Pero la tranquilidad que sentía en Tallahassee hacía que considerara la migración a esta ciudad como exitosa. Esto me motivó a salir adelante. No me importaba cuan duro debía trabajar. Este sería el lugar que quería para que mis hijos crecieran.

Si eres prospecto a migrante, lee mucho sobre la(s) ciudad(es) que tiene como opción(es) para que se conviertan en tu segunda casa. Lee sobre el clima, la vegetación, la densidad de población (si no toleras pasar horas en el tráfico) y todos los demás factores que muchas veces pasamos por alto en el afán de salir por salir. Esto aspectos suelen pasarse por alto cuando migramos motivados solo por la desesperación.

**Seguridad

Este apartado lo coloqué con dos asteriscos ya que (a diferencia de los criterios anteriores) este es un factor que no está en nuestras manos o bajo nuestro control. Ningún país en el mundo es cien por ciento seguro. Si a tu juicio, cumples con alguno de los cuatro criterios mencionados anteriormente y el nivel de inseguridad en el país donde vives es alto, pero estás dispuesto a asumir el riesgo en beneficio de los criterios que sí cumples, entonces la seguridad pasa a ser algo secundario. En mi caso particular, el nivel de inseguridad tanto en Venezuela como en México excedían mi nivel de tolerancia lo que motivó mi salida de ambos países.

¿Cuál era mi evaluación con respecto a los cuatro criterios de la *Migración Inteligente* a finales de 2016?

1. Me estaba desarrollando profesionalmente ya que llegué a cumplir funciones de nivel directivo que, aunque fueron temporales, me enseñaron mucho sobre el manejo de personal, procesos, planificación, entre otros. ✓

2. El emprendimiento en lugares como Ciudad Victoria fue algo que para mí se quedó siempre en papel ya que la mayoría de los negocios en la ciudad deben 'Pagar Piso' (o vacuna) a los carteles en la ciudad. Esto es una especie de impuesto forzado para evitar las llamadas de extorsión, secuestro de los dueños del negocio o sus familiares, etc. En 2016 el escenario era peor, si le pagabas a un cartel corrías el riesgo de que el bando contrario pasara por tu negocio a "visitarte". ✗

3. Mi nivel de ingresos no era malo, pero con dos niños no era mi nivel de ingresos ideal. Me encontraba en un punto en donde para poder

generar más ingresos tenía dos opciones: A. Emprender (lo cual ya estaba descartado) o B. Optar a un ascenso dentro de gobierno del Estado lo cual es todo un tema. Aunado a esto, un MUY buen nivel de ingresos también haría que estuviese más expuesto a las miras del crimen organizado. ✗

4. Desde septiembre de 2011 sentí afinidad con Ciudad Victoria, con todo y las situaciones que vivimos al llegar veía en Victoria un *"Lienzo en Blanco"* (usando las palabras de Juan López en el episodio *"Adaptación"* del podcast). En aquella ciudad sentía algo que nunca sentí en Maracaibo; veía oportunidades a donde miraba, sentía que podía lograr cualquier cosa que me propusiera por el empuje que tenía. Irónicamente, estaba motivado por el miedo, así como por el hambre de progreso, por mi juventud, por el amor de mis hijos y por mil cosas más. ✓

• El aspecto de la seguridad pudo más que todo, como lo dije anteriormente; el nivel de inseguridad en la ciudad llegó a picos que iban más allá de lo que estaba dispuesto a tolerar. Por ello salimos de Victoria con miedo y discreción. ✗ ✗

En resumen, para finales de 2016 cumplía con dos de los cuatro criterios, pero estos fueron totalmente anulados por la inseguridad.

Los criterios son agotables, por lo que deben trabajarse y evaluarse continuamente. Puede que hoy tengas un buen nivel de ingresos y mañana no. Es probable que hoy sientas afinidad con la ciudad y por alguna razón o vivencia la dejes de sentir. Estos criterios pueden rotarse. Los resultados de mi evaluación de criterios a finales de 2016 no fueron los mismos a inicios de 2012. De hecho, a inicios de 2012 solo cumplía con el cuarto criterio; la Afinidad y este fue el punto de partida. Tampoco debe tomarse como una competencia en la que debemos buscar cumplir con los cuatro criterios, porque esto invariablemente generará frustración. Con un solo criterio que cumplas es suficiente, enfócate en este y que este te sirva de motivación, si por alguna u otra razón se agota, saca tu lista, reevalúa los criterios y verás que hay un nuevo criterio que estarás empezando a cumplir.

MARTES TRECE; NI TE CASES… NI VIAJES…

Nuestros boletos de salida de México eran para el martes 13 de diciembre de 2016. En esta ocasión el maratón no sería como el de 2013, saldríamos de Victoria hacia Monterrey el día doce, pasaríamos la noche del doce en Monterrey para salir el trece en la madrugada hacia Bogotá donde pasaríamos un par de días con parte de nuestra familia en Bogotá, de allí saldríamos el día dieciocho hacia Maracaibo con una pequeña escala de un par de horas en Panamá.

El fin de semana, entre el nueve al once de diciembre teníamos todo empacado, distribuido entre cajas y maletas. Las cajas permanecerían en casa de la Sra. Cecilia hasta nuestro retorno o en el caso de reubicarnos ella nos la enviaría vía correo postal. El lunes 12 de diciembre salimos de Ciudad Victoria a las 11:00 am. A medida que el autobús iba saliendo de la ciudad recuerdo una sensación fuerte que iba desde la boca del estómago y recorría toda mi espalda hacia el cuello. En ese momento le dije a Aimée *"No sé por qué pero siento que no vamos a regresar a Victoria…"*. Aimée me miró con su clásica mirada mezcla de escepticismo y sorpresa (subiendo solo su ceja derecha y con los labios fruncidos e inclinados hacia el lado izquierdo).

Llegamos a Monterrey sin contratiempos, los niños estaban felices por el viaje y Tomás estaba especialmente emocionado porque se reencontraría con sus tíos, primos y abuelos a quienes no veía desde hacía tres años. Pasamos la noche en Monterrey, configuramos tres alarmas ya que debíamos levantarnos a las 2:00 am para poder alistarnos y estar en el aeropuerto con la antelación necesaria para el vuelo que saldría a las 6:30 am. Escogimos un hotel que estaba a cinco minutos del aeropuerto por lo que no necesitábamos mucho tiempo para transportarnos.

La mezcla de ansiedad y de emoción que da viajar y más cuando vas a tu país de origen después de un largo período hacen que uno funcione como reloj suizo. Nos despertamos antes de que las alarmas sonaran y empezamos a alistarnos. En total llevábamos: cinco maletas, dos pañaleras, un coche (carriola), una mochila (Aimée) y un bolso (yo) donde llevaba mi laptop, cargadores y documentos (pasaportes, visas, boletos, itinerarios, partidas de nacimiento, entre otros). Esto hacía que el movernos tan solo diez metros requiriese un carro para equipaje o (a falta de este) optaba por amarrar las maletas una tras otra para hacer una especie de tren. Tardamos unos veinte minutos en bajar desde la habitación al mostrador del hotel para hacer el registro de salida. Luego de esto otro par de minutos para ir a la entrada del hotel donde tomamos una *van* de transporte que el hotel proveía para llevarnos al aeropuerto. Mientras nos acercábamos al aeropuerto notábamos con asombro una neblina tan espesa que hacía difícil incluso para el chofer del vehículo poder ver la carretera. No le dimos mayor importancia. La ansiedad de llegar al aeropuerto y hacer todo el proceso de chequeo con el equipaje ya descrito y con dos niños pequeños (en aquel momento Tomás tenía cuatro años y Mateo un año) hacía que nuestro enfoque fuese de lleno en la logística.

Llegamos al aeropuerto y nos formamos en la fila que daba al mostrador de la aerolínea. Poco a poco empezábamos a escuchar reclamos en el área del mostrador por parte de quienes estaban primero en la fila. La fila iba a avanzando y luego de quince minutos al fin llegamos al mostrador con la intención de iniciar el proceso de documentación del equipaje, cuando la dama que se encontraba en el mostrador por parte de la aerolínea nos dice con voz serena, pero con cierta vergüenza: "*Señor, todos los vuelos están cancelados por el día de hoy, el aeropuerto permanecerá cerrado hasta nuevo aviso a causa de la neblina ya que no pueden ni llegar, ni salir vuelos…*". En cualquier otra situación esta noticia hubiese significado para mí un pequeño retraso, algo normal, pero tomando en cuenta que debíamos llegar a Ciudad de México y ahí tomar un vuelo a Bogotá que saldría a las 09:45 am… esto era un gran problema. Aunado a ello estaba el hecho de que estábamos en una ciudad donde nos quedábamos solo de paso con cinco piezas de equipaje y dos niños pequeños. La única solución que ofreció la aerolínea en ese momento era reprogramar nuestros vuelos para el día siguiente y esto debía hacerse vía telefónica. Estando en el mismo aeropuerto llamé a la aerolínea para reprogramar los dos vuelos. Afortunadamente el vuelo hacia Maracaibo desde Bogotá estaba programado con suficiente tiempo de diferencia. Cabe destacar que la aerolínea no cubriría los gastos que este retraso pudiese ocasionar debido a que este fue generado por *causas de fuerza mayor.*

Nos regresamos con el tren de equipaje al hotel (donde ya habíamos hecho el registro de salida) y explicando lo sucedido nos permitieron continuar la estadía como si no hubiésemos hecho el registro. Desayunamos algo y el plan era tomarnos un día de relajación en la ciudad conocida como la Sultana del Norte.

A media mañana, desde la habitación aún se veía neblina, pero empezamos a escuchar el sonido de los aviones, lo que nos generó extrañez ya que en mostrador nos habían dicho que todos los vuelos de llegada como los de salida habían sido cancelados. Motivado por esto y por el estrés que toda esta situación había creado, llamé nuevamente a la aerolínea y la persona en el centro de atención telefónica (una distinta a con quien hablé ese mismo día temprano) me dijo que en efecto el aeropuerto ya estaba funcionando y que por favor me acercara al mostrador de la aerolínea para confirmar ya que mi vuelo no había sido reprogramado para el día siguiente. Por todo lo sucedido con las cancelaciones de los vuelos el sistema había programado nuestro vuelo para ese mismo día a las 11:00 am y no hacia México sino a Cancún y de Cancún saldríamos el día siguiente a las 12:00 pm hacia Bogotá… *¡A CORRER!*

Salí corriendo de la habitación. *No* esperé el transporte del hotel, sino que tomé un taxi el cual me llevó volando al aeropuerto para que me confirmaran lo que me dijeron por teléfono. Al llegar al mostrador le explico a la misma dama que nos atendió temprano lo que me habían dicho vía telefónica. Ella con cara de "trágame tierra" salió con paso apresurado a buscar al gerente a cargo para que me atendiera. El gerente salió del mostrador y me pidió que pasara a su oficina, chequeó en su computadora como había quedado programado mi itinerario, luego de disculparse unas diez veces me dijo "*Sr. Parra ¿Tiene su equipaje aquí para poderlo documentar?*". Traté de mantener la calma y le expliqué que Aimée y los niños estaban en el hotel ya que se suponía que saldría al día siguiente y me dice que ya en ese momento no podía hacer el cambio y que el vuelo estaba a quince minutos de ser llamado para abordar. Inhalé y exhalé tres veces, llamé a Aimée para que fuese alistando todo en lo que llegaba de vuelta al hotel, salí corriendo nuevamente a tomar un taxi para ir por ellos al hotel. El gerente amablemente me indicó que cuando regresara lo buscara directamente a él para que el proceso de documentación del equipaje fuese más rápido y no perdiésemos el vuelo.

Cuando llegué al hotel Aimée tenía el equipaje listo en el carrito, hicimos el registro de salida en un santiamén y el transporte del hotel ya nos esperaba para llevarnos con todo el equipaje nuevamente al aeropuerto. Como sucede en las películas, le dije al chofer: "*Si llegas en menos de cinco minutos al aeropuerto te daré una jugosa propina...*". Ese hombre salió en dos ruedas y llegamos en un par de minutos. Tal y como lo indicó el gerente de la aerolínea, justo al llegar fui hacia su oficina y sin pesar el equipaje ni nada, le puso las etiquetas de identificación y las puso en la correa de equipaje para pasajeros preferenciales. Subimos casi corriendo a la sala de embarque la cual (por todas las cancelaciones que hubo en el día) parecía una central de abastos cualquier lunes a las 8:00 am. Solo que en vez de verduras había gente y en vez de frutas; había más gente. Minutos después abordamos el vuelo con destino a Cancún, aliviados y con cinco kilos menos encima a causa de la presión (y de la corredera).

En Venezuela uno no aprendió a usar una etiqueta de equipaje normal, común y corriente. A uno le enseñaron que amarrar cuerdas de colores llamativos o pañuelos en las azas de las maletas era el método más efectivo para poder distinguir tus maletas fácilmente en las correas de equipaje de cualquier aeropuerto, desde la Patagonia hasta Kuala Lumpur. Cuando llegamos a Cancún, el olor a mar calmó las penas; ya podía ver lo que no veía desde hace bastantes horas: a Aimée sonreír. Como si todo lo anterior hubiese sido poco, una de las maletas no aparecía en la correa. Tuve que ir con el guardia a cargo de revisar el equipaje "Señor, una de mis maletas no aparece, es de color negro y tiene cuerdas de color azul claro y amarillo en el agarradero. No la veo por ningún lago. Aquí tengo el número de identificador que le puso la aerolínea" luego de mirarlo me pregunta *"¿Cuerdas azules y amarillas? Creo que vi una maleta igual a una señora que apena acaba de salir"* el tipo salió corriendo (y yo detrás de él) y en efecto, una señora había tomado una de nuestras maletas ya que la suya casualmente tenía cuerdas con colores parecidos… *"La Sra. fijo es venezolana"*. Le dije a Aimée mientras me reía ya que pareciera que desde la mañana hubiésemos estado en la broma tipo "cámara escondida" más larga de la historia de la humanidad. Desde ahí juré que más nunca usaría ese tipo de distintivos en mi equipaje. Ese día terminó con un nivel de estrés y de cansancio como pocos, encontramos un hotel donde descansar y donde poder recargar energías para el día siguiente.

Tenía al menos tres de salidas alternas al plan original, tenía las horas anotadas en una libreta digital, y lo que debíamos hacer cada hora durante los días doce y trece. Cada actividad tenía flechas donde indicaba los posibles escenarios alternos. Aun así, lo sucedido en el aeropuerto de Monterrey a nuestra llegada no estaba contemplado en ningún plan alterno. El plan del día 13 de diciembre llegaba hasta *"5:00 am – Llegada al aeropuerto de Monterrey para chequeo de boletos y equipaje"*. Ya. No me preocupaba si había un retraso ya que el vuelo desde Monterrey hacia Ciudad de México era con la misma aerolínea con la que volaríamos desde Ciudad de México hacia Bogotá, por lo que, en caso de un retraso, la aerolínea debía resolver cualquier contratiempo… No conté nunca un evento como una cancelación por causa de neblina donde la aerolínea no se hace responsable.

Aun con todo lo cronometrado de cada hora durante los días doce y trece, siempre suceden cosas que escapan de nuestros cálculos. Hago esta acotación para tratar de plasmar el hecho de que, aun teniendo planes alternos, alguno de ellos puede fallar y la clave radicará en mantener el enfoque en nuestro fin.

La mañana del 14 de diciembre amanecimos en Cancún. No conocimos mucho de la ciudad más que la ruta que tomó el taxi desde el aeropuerto hasta el hotel. El lado positivo de todo esto fue que puedo decir que pasé una noche en Cancún… Acordamos con el taxista que nos llevó al hotel que pasara por nosotros a las 8:30 am, debíamos estar en el aeropuerto a las 9:00 am para todo el chequeo previo para el vuelo a Bogotá a las 12:00 pm.

Llegamos puntualmente al aeropuerto, refrescados, más tranquilos y con un coro en mi cabeza que solo cantaba un verso *"Ahora sí… Hoy sí…"*. Nuevamente nos formamos en la fila de la aerolínea para poder hacer el chequeo para el vuelo y en esta ocasión la fila fluía como en manantial. Llegamos al mostrador donde nos recibió un caballero que amablemente nos decía que antes de hacer el chequeo debíamos haber pasado por migración para registrar la salida del país… Es decir, en el aeropuerto de Cancún, a diferencia de cualquier otro aeropuerto que yo conozca, primero debe hacerse la salida de migración antes de hacer el chequeo del vuelo. Esto se traducía en atravesar el aeropuerto con toda la «catarranda» de maletas a hacer la fila en Migración, llenar las cuatro planillas (una por cada uno) para luego ir al mostrador, hacer el chequeo para el vuelo y la documentación del equipaje. Le pedimos al caballero de la aerolínea que si podía por favor tener nuestro equipaje al interior del mostrador mientras íbamos a hacer el registro de salida en migración y se negó. Ya en este punto Aimée explotó en una cadencia de argumentos (irrefutables), con mil acentos, palabras, puntos, comas y exclamaciones con respecto al trato de la aerolínea para con nosotros y que solo le estábamos pidiendo el favor, por humanidad, que mantuviera el equipaje en el interior del mostrador para no perder tiempo en el traslado de este. Hacía mucho que no veía a Aimée así de molesta, creo que la última vez fue que la vi así fue el 5 de enero de 2012 durante el incidente con los policías ministeriales. Al escuchar los argumentos de Aimée donde narró todo lo sucedido desde el día anterior, el caballero accedió a resguardar el equipaje en el mostrador. Fuimos al mostrador del INM con el paso apresurado, llenamos el formato para la salida del país y ya con el sello regresamos al mostrador para hacer el registro de salida. El caballero (con cara de apenado) hizo todo lo propio, se disculpó por parte de la aerolínea y de ahí fuimos a la sala de embarque donde no estuvimos durante más de diez minutos.

Abordamos el avión y en el momento en el que el avión despegó las ruedas del suelo Aimée y yo, sin ponernos de acuerdo, sin palabras y sin más nos pusimos a llorar. Cada lágrima era de alivio, tristeza y satisfacción *"Creo que México no nos quería dejar ir"* era lo que le repetía a Aimée.

Llegamos a Bogotá la tarde del catorce y estuvimos hasta la mañana del dieciocho. Fueron días inolvidables con parte de nuestra familia. Empezamos a disfrutar de un ambiente totalmente distinto y necesario para los cuatro. Gisela y Beatriz, a quienes conozco desde hace más de quince años y quienes compartieron sus vivencias en el episodio *"Desapego"* en el podcast, nos brindaron todo lo necesario durante esos días para sentirnos seguros y olvidar los malos tragos de los últimos días en México.

De Bogotá volamos a Maracaibo, gracias a Dios, ya en ninguno de los otros vuelos tuvimos ningún tipo de contratiempo. Tuvimos la suerte y la dicha de poder regresar a Venezuela en dos ocasiones luego de haber salido de ella. Lamentablemente en la segunda ocasión entendí que no podía regresar, hubo factores externos que también me hicieron saber fuerte y claro que mi seguridad y la de mis hijos también estaba en riesgo en mi propio país.

Nos dimos a la tarea de disfrutar cada instante en Maracaibo como si fuese el último. El año 2016 se encargó de hacernos saber que debíamos cambiar de entorno con urgencia. México y Venezuela dejaron de ser opciones y durante nuestra estadía en Maracaibo decidimos que debíamos movernos y rehacer nuestras vidas. Debíamos comenzar de cero, tener un nuevo renacimiento y una nueva reinvención. A inicios de 2017 llamé a mi jefe inmediato en el CETE para hacerle saber la decisión que habíamos tomado y, con mucha vergüenza, hice algo que nunca había hecho, renunciar vía telefónica. Él entendió la situación y luego de darme palabras de aliento me pidió que terminará un par de tareas con los proyectos que tenía a mi cargo y poder hacer entrega de manuales de procedimientos, y demás.

Migrar luego de haber migrado fue una de las decisiones más difíciles que he tomado. En los últimos meses en Ciudad Victoria solo me repetía «Si ya salí de la ciudad donde crecí ¿por qué me va a costar salir de esta ciudad?». Sin embargo, creo que los recuerdos y las vivencias posteriores a la migración quedan grabados en alguna parte del cerebro donde las memorias se imprimen con mayor profundidad, donde las experiencias se recuerdan incluso con aromas y colores vívidos y conectados al corazón. Aún recuerdo a Victoria y en ocasiones el corazón me salta o se arruga, se engrandece o se pone pequeño. Confieso que pasaron meses antes de atreverme a tener contacto con nuestro círculo más cercano de personas y pasaron años para poder contactar a personas que formaron parte de nuestras vidas en *Vicky*.

Luego de la corta estadía en Maracaibo, nos vinimos a los Estados Unidos. Para contar nuestras vivencias desde que llegamos a Miami hasta el presente (en Tallahassee), necesitaría otro libro. Solo puedo decir que durante los primeros meses, luego de haber migrado por segunda vez, los auto reproches, las comparaciones, el "aquí sí y allá no" y los "aquí no y allá sí" eran frecuentes. Ahora pasaba a extrañar México y no tanto Venezuela. A Venezuela era normal extrañarla, ya era normal el vivir con eso, ahora se le sumaba el extrañar Ciudad Victoria. Qué antagónicos somos los seres humanos. Cuando tenemos todo queremos nada y cuando queremos todo sentimos que no tenemos nada. Los primeros meses fueron los más difíciles y entendí que, además de la inseguridad y el estrés generado por esta, así como eventos que hicieron imperativa la salida de Ciudad Victoria, nunca me sentí genuinamente lleno o feliz. Entendí que debía pasar un proceso de aprendizaje, o mejor dicho de reaprendizaje; aprender a soltar viejos hábitos y costumbres porque si no avanzaba en un proceso profundo de crecimiento personal nunca sería feliz estuviese donde estuviese. La felicidad es barata, no la conseguimos en ningún lugar más que en nosotros mismos. En la segunda migración contaba con lo más importante para poder iniciar este proceso: estábamos bien resguardados, es decir, la inseguridad no era parte del día a día, ahora debía buscar herramientas que me ayudaran a crecer y a lograr que esta migración fuese plenamente exitosa y que pudiese cumplir con varios de los criterios en mi propia teoría sobre la *Migración Inteligente*.

Aunado a esta teoría considero que desde nuestra llegada a México en septiembre de 2011 hasta nuestra salida en diciembre de 2016 tuvimos tantos altos y bajos. Tuvimos miedos, inseguridades, triunfos, meses de estabilidad y tranquilidad así como semanas de angustia, todo esto me motivó a plasmar gráficamente lo que llamo Curva de Ciclos en la Migración. Esto con el fin de mostrar como todo en la vida son ciclos, como todo es pasajero y como el truco es tratar de mantener la continuidad de los ciclos buenos mientras nos vamos preparando (sin predisposición) para cuando la curva empiece un declive. Cuando entramos en ese declive debemos enfocarnos en que TODO ES CIRCUNSTANCIAL -y pasajero- y que luego de la bajada viene una subida y viceversa.

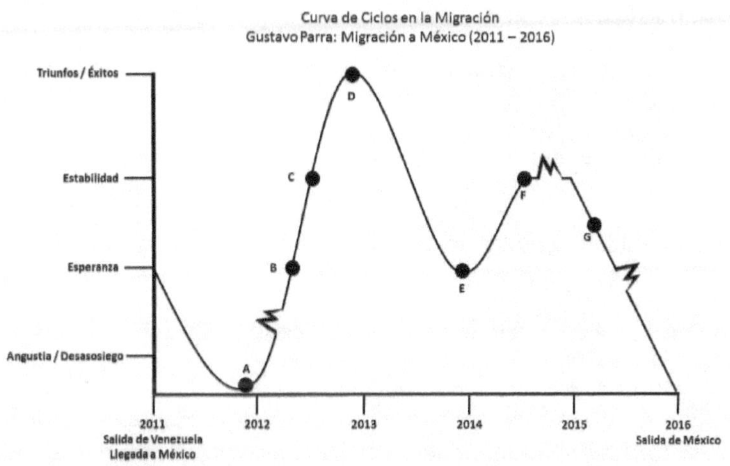

A. Despido de la Escuela y Visita de la Policía Ministerial por acusaciones de robo.

B. Inicio de labores en el Instituto de Música, presentaciones de *ReduSis* y entrevistas de trabajo en distintas instituciones.

C. Embarazo de Aimée e inicio de labores en el Instituto Filadelfia, UVM y en el CETE.

D. Nacimiento de Tomás Elías, compra de mi carro y retroalimentaciones positivas de mis jefes tanto en el CETE como en el Filadelfia.

E. Salida del Filadelfia y Viaje a Maracaibo

F. Inicio de labores en la USJT.

G. Nacimiento de Mateo Ignacio.

M Situaciones de Riesgo que de alguna u otra forma movieron el estado anímico del momento. En algunas ocasiones estas no interrumpieron la curva, pero en otras influyeron de manera directa en ella.

Como ya lo dije, son ciclos. Estoy convencido de que si hubiésemos decidido quedarnos en México el ciclo se hubiese repetido quizás con diferencias en los tiempos o en la duración en cada escalón.

Recomiendo este ejercicio, haz tus curvas. Cuando hacemos consciencia del momento o escalón en el que nos encontramos, así como las emociones que sentimos, pasamos a tener idea de en qué parte del ciclo estamos. Esto nos da cierta sensación de control y sobre todo esperanza sobre lo que puede depararnos nuestro futuro como migrantes.

Lo realmente importante somos nosotros y nuestra actitud para con lo que sucediendo.

Lo realmente importante es autoevaluarte en base a estas dos preguntas.

a. ¿Qué tan humilde y agradecido eres cuando las cosas están marchando bien?

b. ¿Qué tan resiliente eres cuando todo está saliendo mal?

Cuando las cosas van bien, todo fluye, todo marcha en orden; hay salud, las finanzas están bien tus proyectos están fluyendo ¿eres humilde? ¿eres agradecido? Es importante nunca perder el piso porqué ya lo dije; todo en la vida son ciclos y no sabemos cuánto tiempo dure esta buena racha. No me refiero con esto a que vivas alerta o predispuesto a que cuando todo esté bien PUM todo irá mal de repente, no; es simplemente cuestión de tener en cuenta que todo lo que sube tiene que bajar.

Cuando las cosas van mal, sientes que nada sale como debe, todo está trancado, el dinero está bajo, no te sientes físicamente al 100, ¿eres resiliente? ¿aguantas? ¿eres paciente? Lo importante aquí es tener fe, es fácil tener fe cuando las cosas salen bien (leí una vez) lo realmente difícil es tener fe cuando las cosas están mal. De nuevo, todo en la vida son ciclos y si eres paciente, todo lo malo TÚ MISMO lo irás girando al lado positivo y así entrarás en un círculo, mañana arriba, luego abajo.

De lo que puedes estar seguro es que de cada subida y de cada bajada aprenderás algo y cada ciclo te hará más fuerte.

Es importante evaluar cada cierto tiempo en qué ciclo estás, si estás arriba refuerza tu humildad y si estás abajo obtén toda la fortaleza que puedas y vete preparando para subir.

7. LA MIGRACIÓN Y EL MINIMALISMO

Desde que vivía en Maracaibo había escuchado del *Minimalismo* como una tendencia en decoración de interiores que siempre me había llamado la atención. Nunca he sido una persona que le gusten los excesos. De hecho, suelo sentirme abrumado cuando voy a un lugar repleto de cosas y, en algunas ocasiones, siento lo mismo cuando estoy en un lugar pequeño cargado de muchos colores. Quizás sea una especie de claustrofobia, no lo sé. Soy del pensar que «Menos es más». Tampoco suelo hablar mucho, más bien soy más de escuchar. Como bien, pero rara vez como en exceso. No tengo muchos amigos, pero los amigos que tengo saben que estaré ahí para cuando necesiten al igual que sé que están para mí cuando los necesito.

Después de mucho tiempo, escuché nuevamente la palabra *Minimalismo,* en mi penúltimo año en México. Esto ocurrió durante una conferencia en la que estuve cuando trabajaba en la Secretaría de Seguridad Pública. El Sr. Secretario se encargó de organizar una serie de conferencias impartidas por una empresa especialista en coaching corporativo. Y en una de esas conferencias el orador mencionaba su experiencia con la SEDENA (Secretaría de la Defensa Nacional de México). Hablaba de manera jocosa sobre cómo, según su perspectiva, los militares fueron los pioneros en el Minimalismo. Decía: *"Eso de mudarse de una ciudad a otra cada cierto tiempo hace que no se esmeren mucho en decorar sus casas o en comprar más que lo necesario. A veces sus comedores no tienen sillas, a veces no tienen ni cuadros en las paredes"*. Después de escuchar eso, confieso que no escuché los siguientes treinta minutos de la charla. Mi mente se fue lejos a divagar en una profunda reflexión sobre como esto se aplicaba en mi vida y en lo que probablemente era la vida de cualquier migrante.

En aquel momento tenía cinco años viviendo en México y nunca colgamos un cuadro en ninguno de los lugares donde vivimos. Durante los primeros tres años tuvimos tres comedores. El primero fue de plástico y el segundo era prestado. Lo que más comprábamos era ropa y cosas de uso personal/laboral y juguetes para los niños.

Con respecto a la ropa, luego de haber dejado más del setenta por ciento de mi ropa en Maracaibo en 2011, cuando comenzamos a generar dinero en México tanto Aimée como yo hicimos lo posible por compensar eso (sin darnos cuenta). Procuré reemplazar cada cosa que tenía en Maracaibo. De hecho, esta especie de vacío generaba que comprara cosas de más. Así, no compraba solo una camisa, o un par de zapatos. Debía comprar dos o hasta tres en una especie de sobrecompensación. Este exceso me hacía sentir cierto remordimiento. Como ya lo dije, no soy una persona de excesos y con el paso del tiempo entendí que la única razón era la necesidad incontrolable de llenar un vacío que no sería nunca llenado por lo material.

Con respecto a los juguetes de los niños pasaba algo similar. Tenían muchísimos juguetes. No tenían a su familia cerca pero no les faltaban juguetes. Su papá trabajaba doce horas al día, pero ahí estaban sus juguetes. No estaban en una ciudad lo suficientemente segura, ¡pero venga! tenían juguetes.

Cuando pudimos comprar un juego de cuarto, el proceso de selección duró semanas. Ocurrió igual cuando pudimos, al fin, comprar un comedor. Debía ser bonito y duradero (que aguante años) y así era con cada cosa que comprábamos para la casa.

A finales de 2012 con mucho sacrifico pude comprar un carro. Tenía la posibilidad de comprar un carro usado, pero no, nunca había tenido un carro nuevo y sentía que merecía comprar un carro nuevo, de agencia. Era de la idea de que si tenía un carro nuevo no perdería tiempo en talleres. «El tiempo es muy valioso y no puedo faltar a ningún trabajo solo porqué mi carro se dañe.» pensaba en aquel momento. Hice un sacrificio enorme y adquirí una deuda igual de enorme para poder comprar mi carro.

En un momento sentí que tenía la vida que había soñado. Como sucede en la mayoría de los casos, cuando uno llega a ese momento el cristal se rompe. Sentía que estaba viviendo en una burbuja que yo mismo había creado en mi afán de llenar tantos vacíos.

Meses después de aquella conferencia nos encontrábamos en la casa donde vivíamos, seleccionando lo que podíamos llevarnos, lo que dejaríamos guardado y lo que venderíamos. Parecía una especie de tienda en inventario con tres pilas enormes de cosas. Yo quería llevarme todo lo que pudiese, no quería que me pasara lo mismo que cuando salí de Maracaibo y dejar nuevamente la mayoría de mis cosas. Fueron semanas de seleccionar qué llevarnos, qué dejar guardado y qué vender.

El juego de cuarto y el comedor que tanto nos tardamos en seleccionar, tocó rematarlos. El carro que con tanto sacrificio pagué, opté por dejarlo guardado. Si regresábamos podría desempolvarlo y seguirlo usando. Si no, podría venderlo. Sin darnos cuenta nos cargamos de cosas que ahora nos pesaba vender o deshacernos de ellas.

En el proceso de la venta de las cosas me llamaba especial atención cómo alguien le daba valor a algo que nosotros ya no usábamos, desde la ropa hasta los juguetes de los niños. Ahí me iría acercando más al concepto real del minimalismo. Todo lo que teníamos se convirtió en el contenido de algunas cajas o de una maleta. Todo lo que habíamos construido en el transcurso de esos cinco años (que parecieron diez), de nuevo se tuvo que compactar en lo que nos cupo dentro de los márgenes de los veintitrés kilos por maleta. De nuevo, me deshice de un ochenta por ciento de ropa, juguetes, libros y otras pertenencias.

Viviendo en Miami, todo seguía resumido en lo poco que pudimos traer con nosotros en las maletas. En junio de 2017 Aimée me recomendó un documental *"Minimalismo: Un Documental Sobre Las Cosas Importantes"* de Ryan Nicodemus, Matt D'Avella y Joshua Fields Millburn. Debo decir que mi vida fue una antes de ver este documental y otra distinta luego de esos setenta y siete minutos. Desde ahí la visión del mundo a mi alrededor cambió. Pasé a ver todo lo que había vivido, desde que salí de Maracaibo a Ciudad Victoria y luego de tener que salir de esta última, con una perspectiva totalmente distinta.

Mi primer reflejo fue meterme al closet de la habitación en aquel apartamentico en El Doral y empezar a seleccionar ropa que no usaba. Ropa que empaque porqué sentía un apego vanidoso de tipo «esta camisa me la puse en una reunión muy importante en México y por eso la conservo. Quizá la pueda utilizar de nuevo cuando tenga alguna reunión importante» y así una docena de ejemplos más. Empecé a hacer lo que se conoce como *"Declutter"* que es la manera más compacta y sencilla en el idioma inglés de decir "botar vainas que ya no uso, que no sirven y que guardo por guardar" (en español). El veinte por ciento de cosas que me quedaron de la mudanza de México las reduje a un diez por ciento aproximadamente… La sensación fue absolutoria, como si me hubiese quitado algo que me apretaba y que llevaba puesto durante mucho tiempo. Tanto así que el día que nos mudamos de Miami a Tallahassee (donde actualmente vivimos) el proceso estuvo lejos de ser doloroso. Por el contrario, veíamos el cambio de ciudad y el deshacernos de nuevo de una parte de nuestras cosas como un alivio. No sentimos duelo y fue ahí cuando empecé a sentir *desapego* genuino, no solo por las cosas sino también por los lugares.

ALGUNAS COSAS DEL MINIMALISMO QUE HOY APLICO:

- La regla de los treinta días: Si quiero comprar algo que cuesta más de treinta dólares, lo pienso durante treinta días. Si treinta días después aún lo quiero, es porque lo necesito o porque le agregará de alguna u otra forma valor a mi vida. Si es así lo compro.

- Una vez al mes hago *"Declutter"*. Me meto en el closet y en mi cuarto y selecciono las cosas que ya no uso y que no necesito y las dono.

- Mis hijos tienen lo que le llamamos la Regla de los Juguetes. Cada vez que alguno de los dos quiere comprar un juguete nuevo, debe donar un juguete que ya no use. Esta regla también la aplico yo para mis zapatos, cada vez que compro un par nuevo, me deshago de un par que ya no use o que use muy poco.

- La regla de los noventa, ciento veinte o ciento ochenta días. Estos números no son una regla invariable. Cada uno lo puede adaptar según su nivel de tolerancia. En mi caso son seis meses (o ciento ochenta días). Si tengo algo que no haya usado en los últimos ciento ochenta días y que sé que no usaré en los siguientes ciento ochenta días significa que no lo necesito, por ende; es momento de donarlo.

- No existen las deudas buenas, todas las deudas son malas, de esto hablaré más a fondo en el capítulo de Finanzas.

Cuando trabajaba en México (en mi trabajo cuasi corporativo) utilizaba camisas y pantalones de vestir, generalmente tardaba una hora entre escoger las combinaciones, planchar la ropa, pulir zapatos, etc. Desde inicios de 2017 (seis meses antes de ver el documental) una vez dejé el trabajo como burócrata, opté por vestir solo con cuatro colores. De esa forma no pierdo ni tiempo, ni energías al momento de escoger lo que me pondré porque, aunque tengo ropa suficiente, no tengo que pensar en cómo la combinaré. No tengo que pensar en que color estará de moda en el siguiente verano o cual es la tendencia para el otoño. La única diferencia entre mi ropa de verano y la de invierno son los abrigos para el invierno y un par de bermudas (*shorts*) para el verano. Ya no me siento apegado al constructo social que dicta que no debemos repetir una misma combinación cada cierto tiempo, realmente no me importa ponerme una misma combinación varias veces durante un mes mientras me sienta cómodo con lo que llevo puesto.

En Venezuela es raro que a nivel profesional cambies de un trabajo a otro, lo usual era tener un trabajo durante veinticinco o treinta años y luego la jubilación. Fuera de Maracaibo entendí que uno no debe casarse con ningún trabajo. A veces nos preocupamos tanto en alimentar nuestro currículum con certificados, años de experiencia, cursos, diplomados, grados y posgrados y dejamos a un lado nuestra pasión, nuestra felicidad y lo que realmente nos llena.

Cuando era pequeño yo no soñaba con ser "Especialista en Gestores de Cursos y en Gestores de Contenido" (la función que desempeñé en el CETE) o "Administrador General de la Plataforma Virtual de Cursos en

Línea" (mi función en la USJT). Títulos rimbombantes pero muy lejanos a mis sueños de cantar, de producir o de componer cuando era adolescente y muchísimos más lejanos de mis sueños de ser Piloto de Aviones de Combate. Muy lejano de esas o cualquier otra respuesta que uno da cuando es niño y le preguntan ¿Qué quieres ser cuando seas grande? Es decir, cuando alguien le pregunta eso a un niño, NINGUNO responde: "Quiero ser Asesor Curricular en una Academia de Música".

Es cierto que como migrantes es casi inevitable pasar por la circunstancia de tener que trabajar en algo que no sea nuestra vocación o en algo que no nos apasiona o emociona. Sin embargo, incluso a ese tipo de trabajos podemos agarrarle el gusto. Podemos imprimirle entusiasmo y ese entusiasmo hace que a la gente le guste trabajar contigo y que tus jefes estén a gusto con tu trabajo, y esto genera beneficios a corto plazo. Particularmente entendí que lo importante es pensar a largo plazo. Cualquier trabajo que haga trato de hacerlo con entusiasmo porqué vivo enfocado en que grano a grano, puedo ir construyendo algo a futuro mientras vivo y disfruto el presente. Esto es clave para mantener el entusiasmo en cualquier trabajo, hacerlo bien y siempre hacerlo con intención.

Pregúntate ahorita:

¿Cuál era tu respuesta cuando, siendo niño, te preguntaban sobre lo que querías ser cuando fueses grande?

¿Qué te apasiona hacer?

¿Cuál es tu vocación?

(Si actualmente trabajas en algo que no es tu vocación) ¿Estás haciendo algo ahorita que te acerque a poder dedicarte en el futuro a algo que sea realmente tu vocación?

¿Hay algún pasatiempo que puedas realizar que te ayude a cultivar y a recobrar tu vocación y que luego pueda convertirse en una fuente de ingreso?

Ahorita personalmente busco hacer actividades que me llenen. Veo mi trabajo solo como un medio para poder subsistir y para poder ahorrar y hacer posible en un futuro dedicarme de lleno a lo que me gusta. De manera que, si hay alguna reducción de personal o cualquier otra eventualidad en el trabajo, busco otro trabajo que me ofrezca el mismo nivel de ingresos (o más) y listo. Práctico y sencillo.

Recomiendo la lectura del libro *"Minimalismo: Para Una Vida Con Sentido"* de los mismos creadores del documental que mencioné sobre Minimalismo (Ryan Nicodemus y Joshua Fields Millburn). El enfoque que ellos le dan a esa frase *"Vivir una vida con sentido"* suena tan sencillo, pero está cargada de un mensaje tan profundo que puede ser trascendente para cualquiera y en especial para nosotros como migrantes. Los migrantes somos minimalistas entrenados por el trajín, por el dejar, por el soltar... Cuando empecemos a ser minimalistas por el consumir menos, vivir más y hacerlo con intención y entusiasmo habremos ganado el juego. Entonces la migración dejará de ser esa palabra de connotación negativa cargada con el peso de nuestros recuerdos y de nuestros apegos.

Actualmente me preocupo en coleccionar menos cosas y más momentos. Si algún día debo cambiar nuevamente de país lo haré tranquilo sin tener preocuparme mucho por lo que debo vender o por lo que me puedo llevar y lo que no. Me llevo momentos gratos, mil experiencias y un montón de enseñanzas, esas no ocupan espacio en maletas o en ninguna caja, esas las llevo conmigo despreocupado y ligero.

8. DINERO

Las finanzas son un tema que particularmente me apasiona, y más aún después de entender lo vital que pueden ser para cualquier migrante. Y es que las finanzas pueden ser la línea entre el éxito y el fracaso en la migración. Y ¡ojo! aparte de lo obvio, no me refiero a las finanzas desde el mero y crudo *"hacer plata"*. Me refiero a incluso cuando hacemos plata ¿cómo la manejamos? Cuando nos falta ¿qué hacemos para recuperarnos? Entre otros puntos que considero necesarios que conozcamos bien, especialmente siendo migrantes.

AHORROS

Desde adolescente aprendí a llevar mis finanzas personales en una hoja de *Excel*. Normalmente esa hoja la abro un par de veces por semana, a excepción de las temporadas cuando las cosas están apretadas. En esos casos la abro, al menos, una vez al día (en la noche) para actualizar los gastos y tener un control más riguroso de los mismos. De esta manera controlo cuánto estoy gastando y que los gastos sean acordes con mis ingresos.

Confieso que en mi adolescencia era consumidor empedernido de las series americanas. Mi generación fue de las primeras que tuvo acceso a la televisión por cable y además de ver los programas de TV de los canales nacionales venezolanos tan memorables como la *"Radio Rochela"*, *"Bienvenidos"* hasta series como *"A Todo Corazón"* o *"La Pandilla de los Siete"*, me gustaba mucho ver series estadounidenses. Algo que me llamaba especial atención era ver cómo el ahorro es algo arraigado en la cultura estadounidense. Nunca olvidaré un capítulo de la serie *"Friends"* en el que *Mónica* y *Chandler* planifican su boda y los papás de *Mónica* le confiesan que habían gastado el dinero que tenían ahorrado para su boda en una casa en la playa. Ella, angustiada porque no tendría la boda que siempre había soñado, es posteriormente consolada por su prometido cuando le confiesa que él tenía dinero ahorrado. Cuando *Chandler* le muestra el monto que tenía ahorrado desde que era niño, *Mónica* salta de alegría porque podría tener una boda aún mejor que la que ya había planificado.

En nuestros países a uno le compraban el infaltable cerdo de plástico con una ranura en su lomo, mejor conocido como "cochinito" donde, siendo niños, guardábamos algunas monedas o algún billete que, siendo francos, permanecía muy poco tiempo en el interior de este. A mí los cochinitos me duraban solo un par de semanas. Tan pronto *Hotwheels* o

Matchbox lanzaba un nuevo modelo en su colección de carritos, apelaba por un cuchillo para cercenar al pobre animal.

Me tardé mucho en entender la importancia de apartar -mínimo- el diez por ciento de mis ingresos y destinar esto a un fondo de ahorros. Luego comprendí la necesidad de dividir ese fondo entre un fondo para mi retiro o de inversión (que yo mismo administro) y un fondo de emergencia. Este último está destinado a cubrir cualquier eventualidad que se presente en el día a día, desde un gasto médico imprevisto hasta alguna reparación de mi carro, cualquier eventualidad que se traduzca en un gasto lo cubro con este fondo. La migración me ha enseñado muchísimas cosas. Una de ellas es el ver cuán vulnerable somos cuando estamos lejos de nuestro país, lejos de nuestra familia y (sobre todo) lejos de la casa de nuestros papás donde no teníamos que pagar renta y donde nunca faltaba la comida.

Actualmente procuro tener -al menos- ahorrado un mes de gastos e ir subiendo poco a poco ese período, llegar a tener dos meses, luego tres y así ir aumentando el fondo para emergencias serias. Nerio Parra, durante la entrevista en el podcast, sugiere tener mínimo seis meses de ahorros para poder afrontar cualquier eventualidad.

DEUDAS

Como latinos, lo más común que nos enseñan sobre las deudas es que deben ser controladas y que siempre se debe estar pendiente de las letras pequeñas en cuanto a la adquisición de una deuda, pero rara vez nos dijeron como controlarlas. Nos enseñaron desde jóvenes la palabra *"Intereses"* y que debemos estar pendientes de ellos. Y si (en el caso de las deudas) estos se calcularían por año o por mes. Pero nunca nos explicaron qué son estos en sí, cómo funcionan o el hecho de que una tasa de interés alta podría perjudicarnos a largo plazo. Las preguntas usuales que los latimos hacemos cuando adquirimos una deuda son ¿cuánto debo pagar mensual? y ¿en cuántos meses?

Mi señor padre (que Dios lo tenga en su gloria) utilizaba la frase *"Fia'o hasta el Puente"*, una frase comúnmente usada en mi tierra y que alude al hecho de que si es a crédito uno capaz de comprar hasta el Puente sobre el lago de Maracaibo. Lamentablemente esa manera de pensar hizo que, posterior a su muerte, nos llegaran durante dos años cartas de cobro de la compañía responsable de su tarjeta de crédito. Hasta que en una ocasión llamaron a la casa y tuve que explicarles que mi papá había fallecido. Era tanto así que cuando mi papá me presentaba con sus clientes se refería a mí como *"El Heredero de Las Deudas"*. Claro, era a manera de broma y yo no entendía a qué se refería. Solo pensaba «¡Mi alma! ¿Quién hereda deudas?». Luego lo entendí…

He leído sobre muchos autores de renombre que van desde Robert Kiyosaki hasta Ray Dalio, solo por mencionar dos señorones de las finanzas, que hablan de las "Deudas Buenas" y de las "Deudas Malas". A continuación, comparto este artículo donde se especifican de manera sintetizada las diferencias (según el autor) entre las deudas buenas y las deudas malas:

Artículo «*Deuda 'buena' y Deuda 'mala'*» del portal *Finanzas Para Todos*

Ya hemos comentado que para algunas adquisiciones resulta más beneficioso endeudarse que desembolsar su precio en efectivo. Sin embargo, para otro tipo de compras es muy poco recomendable.

Deuda "buena"

En términos muy generales, tiene sentido endeudarse para adquirir bienes o servicios que puedan:

1. *Aumentar su valor con el paso del tiempo, de forma que en el futuro valdrán más de su precio inicial más coste de financiación (por ejemplo, una vivienda u otro inmueble).*

2. *Generar ingresos (por ejemplo, los gastos en formación o el lanzamiento de un negocio) o reducen gastos durante la vida del préstamo (por ejemplo, comprar una casa para no tener que pagar alquiler) por importes que superan los costes de la deuda.*

Estos dos ejemplos primeros se corresponden a productos de inversión.

3. *Resultar necesarios, pero que no se podrían pagar en efectivo sin liquidar los ahorros u otras inversiones (por ejemplo, un coche). OJO: necesarios significa imprescindibles, no deseables.*

En todos los casos, consulte el presupuesto y no asuma ninguna deuda si no puede cumplir con las cuotas. Cuanto más ahorremos para pagar la entrada, menos mensualidades, o más bajas, tendremos que afrontar.

Deuda "mala"

Por supuesto, las deudas "malas" incluyen todas las que se contraen para adquirir bienes que no necesitamos o que no podemos permitirnos (por ejemplo, el televisor plasma de 60 pulgadas).

También se considera una práctica muy negativa utilizar préstamos de consumo cuyos plazos de amortización sean superiores a la vida del producto financiado. ¿Quién quiere tener que seguir pagando unas vacaciones dos años después de disfrutarlas? Para gastos que se consuman rápidamente siempre es preferible ahorrar hasta poder pagarlos en efectivo.

Como lo comenté anteriormente, desde que vi el documental sobre minimalismo entendí el principio de que no existe tal cosa como Deuda Buena, repito; NO EXISTE TAL COSA COMO DEUDA BUENA. Toda deuda genera un apego innecesario tanto para con el bien que se adquiere, así como para la institución o el particular con quien se adquirió la deuda. Cualquier cosa que genere una forma de apego nos resta libertad. Imagina comprar una casa que tardarás treinta años en pagar… Aun así, hay gente que afirma "prefiero pagar una casa por treinta años a tener que pagar una renta y tirar el dinero a la basura". Respeto esta afirmación y a quienes piensan de esta manera, pero, imagina -de nuevo- como migrante comprar una casa que terminarás pagando en treinta años. ¡Vamos! así puedas diseñar un plan de pagos para que liquides la deuda en diez años ¿estás seguro de que diez años después seguirás viviendo en el mismo país? Digo, no es por ser pesimista, pero como migrantes estamos expuestos a un sinnúmero de variables. Más aún si vivimos en países donde con el paso del tiempo nos van imponiendo más y más requisitos para la permanencia legal. Si por cualquier razón debes regresar a tu país de origen o debes reubicarte en otro lugar tres, cinco u ocho años después de adquirir la deuda y no puedes seguir haciendo los pagos ¿no habrás tirado a la basura esos años de pagos mensuales al perder el bien por falta de pago? Hay quienes dicen "¡Pero no hay problema! Si debo irme rento el inmueble." Totalmente valido, pero ¿qué tanto control podrás tener sobre el bien inmueble, su mantenimiento e impuestos estando fuera del país? Y sobre todo, intentar tener ese control sobre el inmueble en otro país ¿no le estará restando libertad y tranquilidad a tu mente?

"Si quieres ser realmente rico, adquiere Activos y elimina la idea de que tu casa es un activo" afirma Robert Kiyosaki. Tenemos la idea errónea de que una vivienda es un activo y nos endeudamos hermosamente durante más de veinte años con la idea de que cuando terminemos de pagar la casa será nuestra y que su valor será mayor al costo al cual la adquirimos. En México el pago de predial es la pesadilla de todo propietario de vivienda a inicios de cada año. Pasa lo mismo en Estados Unidos con los impuestos sobre la propiedad, entonces ¿una vivienda pone dinero en tu bolsillo (activo) o es un gasto (pasivo)?

En mi caso particular, compré un carro nuevo que tardé cinco años en pagar, las últimas ocho mensualidades del carro las pagué mientras no lo utilizaba (El carro estaba en México y yo en Estados Unidos). A la final me generó un beneficio económico, sí. Cuando terminé de pagarlo lo vendí, pero a un costo menor al que lo adquirí y aparte de esto, durante esos ocho meses pagaba un carro que no utilizaba. "Poseía" algo que no utilizaba y que aparte debía seguir pagando.

Con esto no quiero decir *"migrante; no compres casa, no compres carro"*, No. Solo sugiero que, al momento de considerar comprar un bien a través de una deuda, es preferible pensar en planes de ahorro y/o de inversión. Planes que te ayuden a comprar dichos bienes en lugar de preocuparte en pensar planes de pago. En casos donde la mejor opción -según la realidad de cada uno- sea un plan de pagos, es necesario que este se apegue a tus planes de vida y, sobre todo; a tu bolsillo. Considera que tener una deuda resta libertad a la hora de querer cambiar de trabajo o a la hora de querer dedicarte a ese proyecto que llevas años postergando. Siendo más radical, una deuda puede hacer que pierdas el bien que estás pagando en un momento de crisis financiera personal (la pérdida de un empleo o alguna enfermedad) o en una crisis financiera a nivel macroeconómico. Conozco personas que perdieron sus casas y carros en la crisis económica del 2008 en los Estados Unidos. E irónicamente he conocido a personas que, por saber manejar sus finanzas, tuvieron liquidez durante ese mismo declive económico y aprovecharon esa crisis para comprar casas a la mitad de su valor.

INVERSIONES

Para hablar de esto a la anchura que este tema merece, haría falta un volumen de este libro dedicado exclusivamente a esto. Las Inversiones son parte esencial de la construcción de cualquier riqueza, independencia financiera, fondo de retiro o sea cual sea la aspiración que tengas para tu futuro financiero a largo plazo. Según el tamaño de tus metas debe ser el tamaño de la proporción de tus ingresos semanales, quincenales o mensuales destinados para este fin.

Generalmente vivimos con tres ideas erradas sobre el tema de las inversiones:

1. *Si deposito mis ahorros en una cuenta de plazo fijo o en una cuenta de ahorros que genere un interés anual sobre el monto depositado, ya eso es una inversión que me genera dividendos.*

No. ese interés anual muy probablemente se verá mermado entre la tasa de inflación del país en el que vivas (o inviertas) y las comisiones bajo la figura de Anualidad que te cobrará el banco por el mantenimiento de esta cuenta o por alguna u otra comisión que el banco te cobrará mientras este utiliza tu dinero para mantener la liquidez de otras cuentas.

2. *Debo ser analista financiero, ser versado en el tema de índices bursátiles o leer el Wall Street Journal para poder hacer inversiones fuera de las vías tradicionales ofrecidas por la mayoría de los bancos.*

No. Basta con que leas un par de libros sobre cómo funcionan los mercados financieros. Aunado a ello, existe una vasta información en internet sobre el tema de los índices bursátiles, acciones y otros vehículos. Con todo ello, puedes invertir en este tipo de mercados sin la necesidad de planificadores o asesores financieros, ni ningún otro tipo de intermediarios.

3. *Necesito tener mucho dinero para poder invertir.*

No. En realidad con cantidades pequeñas se pueden abrir cuentas de inversión. Actualmente existen incluso aplicaciones móviles que te ayudan a invertir los céntimos de las compras que haces por cifras que no son enteras, por ejemplo, compras una botella de agua que te costó \$5.40, la aplicación automáticamente deposita en una cuenta de inversión los \$0.60 que faltaron para redondear los \$6.

Para este tema recomendaré un libro que me abrió los ojos en cuanto al tema de los ahorros y las inversiones y que también me mostró lo equivocado que estaba en preocuparme en llenar mi currículum y querer buscar un "trabajo estable": *«Padre Rico, Padreo Pobre»* de Robert Kiyosaki. Recomiendo también el libro *«Money Master Of The Game»* de Tony Robbins (mi orador motivacional favorito).

Por otro lado, el episodio 012 del Podcast *The Minimalists* titulado *«Money»* aportó mucho a mi visión actual sobre el tema de las finanzas personales. Aparte de todo esto sugiero también indagar e investigar sobre aplicaciones móviles como *aCorn* y *Finhabits,* aplicaciones móviles con las características que expliqué anteriormente.

Es importante destinar -al menos- el diez por ciento de nuestros ingresos para nuestros ahorros, pero más importante que eso es destinar diez por ciento o más de nuestros ingresos para destinarlos a inversiones. La inversión inicial debe ser siempre en buenos libros que te ayuden a entender el tema y sobre todo a expandir las mentes cerradas por concepciones erróneas sobre el manejo del dinero.

Debo advertirte; una vez comiences, habrá inversiones en las que perderás dinero, la perdida es parte del proceso natural y de la vida de cualquier inversionista novato o experimentado. Pero habrá inversiones en las que ganarás. Enfócate en aprender todo de las experiencias en las pérdidas más que en disfrutar las mieles de las ganancias.

Es probable que en este punto pienses «a ver, si lo que gano a duras penas me alcanza para vivir ¿Cómo carajo pretende el autor de este libro que pueda tener dinero para ahorrar y hasta para invertir?» Esta respuesta será respondida en los libros que recomendé arriba y específicamente en el episodio del podcast que mencioné. Pero puedo adelantarte lo siguiente; llega un momento en la vida de todo hombre (y mujer claro) en el que entiende que, si un trabajo a duras penas le da para vivir, tiene tres opciones:

a. Buscar otro trabajo que le permita tener mayor nivel de ingreso que le permita a su vez poder ahorrar e invertir.

b. Aparte del trabajo que solo le da para cubrir las cuentas, buscar una segunda fuente de ingresos que entonces le permita ahorrar e invertir, sobre este tema hay muchísimo también en internet: desde pasear perros hasta lavar carros y muchísimas más opciones.

c. Con su nivel de ingresos actual, considerar si se puede bajar el nivel de egresos o gastos para que entonces pueda tener dinero (aunque sea poco) destinado para el ahorro y para un fondo pequeño de inversión.

Aunque me siento tentado a extenderme en este capítulo, prefiero dejar a tu libre albedrío que investigues más sobre este tema. Espero que tomes las recomendaciones dadas sobre la bibliografía que mencioné en este capítulo. Cuando uno se compromete a cambiar sus hábitos financieros es un proceso que no tiene vuelta atrás y la rueda empieza a girar de manera virtuosa, lejos de hábitos que nos hacen malgastar tiempo y dinero.

9. ¿TRABAJO O EMPRENDIMIENTO?

Como aficionado del *running*, recuerdo que una de las técnicas más importantes que me ayudó a correr distancias cada vez más largas, es la de no mirar al piso mientras corría. Aquí pasa lo mismo; sea cual sea tu trabajo el truco es no mirar cada paso que damos, más bien enforcarnos en la meta, fijar la mirada hacia adelante.

Muchas veces salimos de nuestros países con ganas de emprender fuera de nuestras fronteras y nos encontramos en una realidad en la que los ahorros no alcanzan o que estos se nos fueron en el proceso de *adaptación*; la renta de la vivienda, etc. Y pasamos a frustrarnos al tener que trabajar por un sueldo cuando nuestra visión era emprender. Como bien lo dijo Edgar Gámez durante una entrevista en el podcast para el episodio *"Trabajo o Emprendimiento"*:

"Haga las cosas que uno haga, uno tiene que sobrevivir. Uno va a tener que trabajar, hacer trabajos sucios, cosas que uno no quiere, y desafortunadamente es así. Ahora, tienes dos opciones: Puedes mirarlo negativamente y ser infeliz o puedes ser un poco más positivo [...], aceptar lo que viene y tener una mejor experiencia y una mejor vida."

Tres líneas, 58 palabras expresadas de la manera más simple posible pero cargadas a la vez de una complejidad inconmensurable. Todo se reduce en enfocarnos en lo que podemos llegar a hacer (futuro) mientras procuramos hacer lo que hacemos (presente) de la mejor manera posible. No solo hacer las cosas por hacerlas, es hacerlas lo mejor posible, hacerlas bien y evitar caer en errores que ya hemos cometido (pasado) que a final de cuentas no nos llevaron a ningún lado.

TRABAJO

En síntesis, puedo decir que he trabajado desde que tenía diecisiete años. Aparte de eso tuve trabajos ocasionales a mis once y doce años. A mis once como repartidor de volantes publicitarios de la tienda de mi tío Douglas Parra, y a mis doce como "guarda-bolsas" en la misma tienda, la *"Proveeduría Paraíso"* en el centro de Maracaibo. Mi función era sencilla. Cuando alguien llegaba a la tienda con bolsas de otras tiendas o con otro tipo de pertenencias, yo las guardaba en espacios asignados para ellos. Las guardaba tras un mostrador en una serie de cubículos de cincuenta centímetros de alto, por cincuenta de ancho y cincuenta de profundidad aproximadamente. Cada cubículo tenía un número asignado. Cuando yo recibía las pertenencias para guardarlas debía entregar un tique con el número de cubículo asignado donde estas permanecerían en lo que el cliente hacia sus compras dentro de la tienda. Cuando ellos terminaban sus compras, iban a mi lugar, me entregaban su tique y yo les entregaba de vuelta sus pertenencias.

En una ocasión entregué dos bolsas a alguien de manera equivocada y por no poder cubrir el costo de las pertenencias que contenían las bolsas; le tocó a mi papá pagar por ello. Ahí me di cuenta de que ningún trabajo es demasiado fácil. Aprendí que no podemos menospreciar ninguna ocupación. Que incluso barrer tiene su ciencia, trapear tiene su técnica y que guardar bolsas requería ser cuidadoso y estar enfocado.

Contando esos dos trabajos he tenido un total de diecinueve empleos y veintidós jefes (hubo empleos en los que tuve más de un jefe) y encontré el real propósito de mi labor en los dos últimos empleos que tuve, los hacía con mucho gusto. En estos aprendí a no pensar tanto en lo que ganaba si no en hacer las cosas bien. No me malinterpreten, el dinero es importante, sin él no podría cubrir los gastos ni mucho menos ahorrar e invertir para mi futuro. Pero, en un momento entendí que *"lo que vinimos a hacer en la tierra, lo que podemos dar a la humanidad está muy lejos de (solo) producir dinero"* (Nerio Parra). Entonces me enfocaba en hacer los trabajos que hacía de la mejor manera posible. Buscaba formas de mejorar no solo mi desempeño sino los procesos. Además, buscaba que esas mejoras en los procesos permanecieran vigentes en las prácticas de quienes hoy desempeñen los trabajos que yo desempeñaba. De esa manera, sentía que trascendía y me sentía satisfecho mientras me enfocaba también en ahorrar e invertir. Estos dos últimos puntos son igual de importantes. Si me hubiese enfocado en ahorrar e invertir desde que tuve mis primeros empleos ahorita la historia fuese distinta. No lo digo para bien, o para mal; digamos que simplemente fuese distinta. Hoy tengo treinta y siete años. Espero cumplir mis metas financieras y de emprendimiento entre los cuarenta y cuarenta y cinco, si hubiese comenzado a pensar en mi futuro desde mis dieciocho años es probable que para mis veintiocho o treinta hubiese cumplido dichas metas.

EMPRENDIMIENTO

Con respecto a los emprendimientos, he llevado a cabo un total de ocho emprendimientos. Emprendí en cosas que fueron desde lo más sencillo a lo más complejo, desde un poco de rentabilidad a pérdidas desastrosas.

El primer emprendimiento fue a mis veintiséis años y junto a Aimée, vendía calcomanías o *stickers* decorativos para carros. Mis clientes fueron un par de tiendas de accesorios para carros y autolavados en la zona norte de

Maracaibo. Ahí empecé a agarrarle el gusto a emprender y como tecnólogo aficionado diseñé un sitio web donde vendía los espacios publicitarios. Este contenía Videotutoriales y un Foro de Soporte sobre el uso de una plataforma de educación en línea llamada *Moodle* con la cual tenía una doble ganancia. Me ayudaba en mi trabajo en la universidad como Administrador de la Plataforma en la carrera de Educación Integral y aparte tenía un segundo ingreso por publicidad dentro de la web. Esto generó una idea aún más ambiciosa: *ReduSis*, una plataforma que sirviese para la educación en línea pero que también sirviera como red social. Tuve el placer y el honor de presentar *ReduSis* en cinco departamentos de la Secretaría de Educación del Estado de Tamaulipas y *ReduSis* fue mi boleto de entrada al CETE. Desde ahí, hice a un lado mis ideas de emprendimientos y me dediqué de lleno a mi trabajo.

En Estados Unidos tuve otro intento de emprendimiento cuyos resultados fueron funestos, una sola mala decisión hizo que pasáramos una semana virtualmente indigentes teniendo que dormir en un hotel durante un fin de semana mientras podía ahorrar dinero para pagar el depósito de seguridad para poder rentar un apartamento. Dicen que los ganadores se caracterizan por encontrar el lado positivo incluso en las situaciones más adversas, debo decir que mis peores emprendimientos tuvieron resultados positivos, en este último caso el aprendizaje fue invaluable, el recuerdo perenne hace que luche a capa y espada para que sí mis hijos deben pasar un fin de semana en un hotel que sea por vacaciones y aparte de todo eso nos dejó buenas amistades y nuestro traslado de Miami a Tallahassee.

Cierro este capítulo con el texto del Micro (disponible en mi canal de *YouTube*) llamado "*Trabajar en algo que no es tu vocación*":

Como migrantes es casi inevitable tener que pasar por la situación de trabajar en algo que no es nuestra vocación, algo que no nos apasiona. Y lo que hacemos es que pasamos a deambular en una rutina de ocho horas solamente motivados por el dinero, porque los gastos… porque la renta…, la gasolina, los servicios, etc. Salimos de nuestros países a vivir mejor, pero ¿realmente estamos viviendo mejor solo por poder cubrir nuestras necesidades inmediatas?

En vez de pensar que estamos trabajando en algo que no nos apasiona (solo por dinero) ¿no es más fácil enfocarnos en esa cosa (aunque sea una) que nos guste del trabajo? Debe haberla y si no la hay es porque no la hemos buscado.

(…)

Si le agarro el gusto a lo que hago lo hago entusiasmado, si lo hago entusiasmado hoy y busco maneras de ir sembrando para mi futuro voy a estar entusiasmado hoy y mañana. Y mañana podré dedicarme a lo que me gusta porque pude ahorrar, aunque sea de cincuenta y cincuenta…

(…)

Lo importante no es solo el hoy. No es solo el trabajar por trabajar, el trabajar por dinero. Es más que trabajar porque "me da para vivir." No. Lo importante es hacerlo bien, hacerlo entusiasmado y, sobre todo, hacerlo con un objetivo.

Sea lo que sea que haces hoy, sea lo que sea que quieras hacer mañana. Si quieres trabajar para luego emprender o emprender para luego enfocarte en tu carrera, o como desees. Sea cual sea tu plan, lo que hagas ahorita procura hacerlo bien, *dar el todo.* Si salimos de nuestros países y no lo estamos dando todo ¿qué estamos haciendo lejos? ¿Qué estamos haciendo? (Punto). Incluso con todo lo aquí relatado, nunca consideré que ninguna de mis migraciones haya sido un fracaso. Fracasé como migrante el día que no salí a darlo todo. Fracasé como migrante el día que salí solo a dar la mitad y no me refiero solo en algún trabajo, me refiero a la mitad de mi empeño, dedicación, atención, disposición e incluso en la intención de hacer algo bien.

10. ANTES PORQUÉ MIGRÁBAMOS

La migración no es algo nuevo, es algo que siempre ha existido.

Para este capítulo es necesario hablar un poco de historia y algo de estadística. Aunque ni la una ni a otra fueron nunca mis materias favoritas, me encanta ver como la historia es cíclica. Me encanta ver cómo hay eventos, que no se repiten, pero que parecieran rimar. Mencionaré específicamente los fenómenos que se han visto en América desde el siglo XVI, en Europa desde el siglo XVIII, y por último específicamente en Venezuela desde el siglo XX. Aunque antes del siglo XX en Venezuela hay muchísima tela que cortar por los movimientos migratorios que se generaron en la época de la colonia me enfocaré solo en las estadísticas del siglo XX y XXI. No te asustes, no voy a entrar mucho en la historia, en unas pocas páginas intentaré resumir esta tesis sobre el fenómeno migratorio a nivel mundial.

AMÉRICA Y EUROPA

Durante los siglos XVI y XVII muchos colonizadores ingleses, franceses y españoles ocuparon territorios americanos y establecieron un número significativo de colonias, principalmente al norte del continente americano. Como toda colonización, esta no se dio sin esclavos. Según el Blog *Remitly,* alrededor de 380,000 esclavos fueron llevados de manera forzosa para ser vendidos en los Estados Unidos.

El punto más alto de la migración en este país fue a inicios del siglo XX cuando solo en 1907 ingresaron más de un millón de migrantes. Estos entraron a través de la Isla Ellis en el estado de Nueva York buscando nuevas oportunidades en América. Se estima que unos doce millones de migrantes de todo el mundo han entrado a través de esta isla.

En 1948 se creó la Ley de Personas Desplazadas la cual fue la primera en su tipo en los Estados Unidos. Esto fue originado por ciudadanos y organizaciones religiosas que ayudaban a la reubicación de refugiados que buscaban asilo en el país a causa del holocausto en Europa.

A lo largo del siglo XX disidentes cubanos, víctimas de dictaduras en Centroamérica y en Suramérica o solicitantes de asilo político chinos y vietnamitas, entre otros fueron recibidos. Actualmente los venezolanos pasamos a formar parte de esta lista desde 2002, cuando se dio el primer intento de rebelión civil en contra del gobierno venezolano.

Actualmente, según el Consejo Nacional de Población de México (CONAPO) se estima que en los Estados Unidos la comunidad mexicana es de 26.7 millones de personas, de los cuales 16.8 millones corresponde a nacidos en los Estados Unidos de ascendencia mexicana y 9.9 millones a la población nacida en México que residen en EE. UU. De manera autorizada o no autorizada, esto equivale al 9 % del total de la población de México.

Desde el siglo XVIII se han visto fenómenos migratorios importantes desde Europa hacia las colonias de Iberoamérica. Según Mariana Pérez en su artículo De Europa al Nuevo Mundo: *"Miles de españoles, portugueses y – en menor medida- otros europeos se aventuraron al Nuevo Mundo en busca de enriquecimiento, ascenso social o una mejor vida en tierras americanas"*. A ver, "Enriquecimiento, ascenso social o una mejor vida." ¿Te suena familiar?

En el siglo XIX hasta el primer tercio del siglo XX se dio el fenómeno de la "Migración Transoceánica" donde emigraron más de 60 millones de europeos hacia Estados Unidos y Canadá. Comparando esta cifra con los 5 millones de venezolanos que han migrado según el reporte de la ACNUR en 2019, estos 5 millones -solo- representan un 8.3% de aquellos migrantes europeos.

Durante la Segunda Guerra Mundial fueron deportados, exiliados o expulsados cerca de cincuenta millones de europeos (migración forzosa). Más tarde, en el transcurso de la segunda mitad del siglo XX fue evidente una redistribución importante dentro de Europa a causa de migraciones voluntarias.

Tuve la oportunidad de compartir el episodio «Antes ¿Por Qué Migrábamos?» con Don Gilberto Dibella (italiano) y con su señora Doña Rosalba Betancourth (colombiana). Don Gilberto se vio forzado a salir de la Italia posguerra en búsqueda de nuevas oportunidades. Cuando era niño, escapó junto con sus padres y sus hermanos de los campos de concentración en Kenia en África durante la guerra, lugar dominado en aquel entonces por los ingleses. Él nos narra cómo su padre instaló una especie de tanque encima de su carro y escondidos en el tanque escaparon de aquel lugar en una travesía que duró siete días hasta la ciudad de Asmara en Eritrea. Con el paso de los años Don Gilberto llegó a Venezuela por accidente, pero no tardó mucho en ver las oportunidades que la pequeña Venecia podía ofrecerle y plantó raíces hasta 2010 cuando, por la situación política del país, debió migrar nuevamente.

VENEZUELA

Siempre me ha apasionado el tema de la migración. Me ha apasionado hasta el punto de que, para mi tesis en la universidad para optar a grado como Licenciado en Música, me dediqué a investigar la influencia de los músicos de origen extranjero en la Orquesta Sinfónica de Maracaibo. Tuve la oportunidad de entrevistar a un número importante de músicos que residían en Maracaibo desde finales de la década de los cincuenta cuando Venezuela era potencia petrolera y se convertía en un destino preferido por los extranjeros. Esto enriqueció culturalmente el país. Los músicos que tocaban en las orquestas también daban clases en los principales conservatorios del país, así como en las universidades. Particularmente recibí clases de profesores polacos, cubanos y uruguayos. Además de ello, mis profesores venezolanos tenían la influencia de los métodos impartidos por sus maestros de origen italiano, español, entre otros.

La migración más importante hacia Venezuela en el siglo XX se dio específicamente durante las décadas de los setenta y ochenta, cuando alrededor de 500,000 colombianos migraron a causa de la crisis que atravesaba el país generada por el narcotráfico. De acuerdo con estadísticas oficiales del Instituto Nacional de Estadística (de Venezuela) en Venezuela residían 721,791 colombianos en 2011. ¿Qué tan acertada es esta cifra? Quizás en un margen entre un 40 y un 120 % ya que hubo muchos colombianos que se encontraban en el país de manera irregular por lo que se estima que el número real fuese entre uno a dos millones de colombianos en total.

En el episodio «Antes ¿por qué migrábamos?» Doña Rosalba Betancourth, nacida en Caldas, nos cuenta como tuvo que partir a Venezuela en la década de los 70 por condiciones laborales desfavorables para ella. Y nos cuenta además cómo consiguió en Maracaibo una tierra que la acogió y de la que aun hoy habla con ese cariño que hace que la voz se le quiebre *"Me quedé en Maracaibo porqué ahí conseguí mi forma de vida. Ahí me levanté, trabajé, formé mi hogar, mi hija y me gustó Maracaibo, su gente, su calor. Todo lo de Maracaibo, amo Maracaibo"*.

Otras cifras, según el gráfico *"Población nacida en el exterior, por año, llegada a Venezuela, según país de nacimiento, censo 2001"* del Instituto Nacional de Estadística:

Desde 1939 hasta el 2000 (y más) llegaron a Venezuela un total de 1,015,538 personas nacidas en el extranjero. Los grupos más importantes (≥ 5,000) por orden alfabético:

- Argentinos: 8,611
- Chilenos: 15,530
- Colombianos: 609,196
- Dominicanos: 14,109
- Ecuatorianos: 28,625
- Españoles: 76,648

- Estadounidenses: 10,028
- Guyaneses: 6,512
- Italianos: 49, 337
- Libaneses: 6,631
- Peruanos: 35,571
- Portugueses: 53,477

LISTA COMPLETA

País de nacimiento	Año de llegada a Venezuela						
	Total	Hasta 1939	1940 - 1969	1970 - 1979	1980 - 1999	2000 y Más	No declarado
Total	1.015.538	5.538	236.034	243.130	304.928	44.503	181.405
América	766.441	3.650	111.654	208.084	270.758	41.144	131.152
Argentina	8.611	28	1.359	2.664	2.344	530	1.688
Aruba	410	14	168	35	62	10	131
Barbados	82	1	28	12	19	2	20
Bolivia	1.814	4	423	524	368	63	432
Brasil	4.766	11	545	700	1.742	498	1.270
Canadá	952	3	90	95	408	82	275
Chile	15.530	26	1.109	7.680	3.203	178	3.334
Colombia	609.196	2.742	95.772	169.419	207.686	35.188	98.389
Costa Rica	1.163	18	410	170	221	33	311
Cuba	9.795	226	2.728	653	3.690	489	2.009
Dominica	8	1	1	1	2	-	3
Ecuador	28.625	68	2.350	7.969	11.303	1.051	5.885
El Salvador	896	6	112	278	268	18	215
Estados Unidos	10.028	124	1.140	838	3.868	1.009	3.051
Granada	232	6	34	70	48	1	73
Guatemala	424	4	46	81	145	30	119
Guyana	6.512	11	154	491	4.366	121	1.469
Haití	1.661	2	114	229	848	99	370
Honduras	305	1	66	59	93	13	73
México	3.075	13	464	390	1.062	344	802

Nicaragua	1.905	9	323	530	543	23	478
Panamá	963	20	330	136	198	31	249
Perú	35.871	44	1.208	8.608	20.013	983	5.015
Puerto Rico	528	28	113	83	131	26	148
República Dominica	14.109	86	769	3.538	6.589	182	2.945
Santa Lucía	25	2	6	8	5	-	5
Trinidad y Tobago	2.729	103	971	453	362	24	816
Uruguay	4.631	6	340	2.148	930	60	1.148
Otros Países	1.496	46	482	226	254	56	432
África	2.306	13	822	445	381	99	546
Egipto	255	3	164	13	13	6	56
Marruecos	1.061	10	484	201	103	8	256
Otros Países	990	-	174	231	265	86	234
Asia	34.928	132	7.559	5.598	12.330	1.282	8.028
Arabia Saudita	1.196	4	322	178	300	68	324
China Continental	9.854	20	741	872	5.821	308	2.093
Irán	116	-	12	13	58	2	31
Israel	593	20	172	83	122	10	186
Japón	446	3	103	58	104	43	136
Jordania	261	-	68	42	78	12	61
Líbano	6.631	39	1.813	1.184	1.806	195	1.594
Otros Países	15.830	46	4.328	3.168	4.041	645	3.602
Europa	197.388	1.656	113.796	26.583	17.584	1.208	36.561
Alemania	3.926	82	1.706	365	692	110	971
Austria	792	33	453	43	81	15	168
Bélgica	388	8	114	61	76	14	115
España	76.648	726	48.771	6.865	4.050	280	15.956
Francia	3.610	80	1.218	376	788	210	939
Grecia	762	4	371	118	99	6	164
Holanda	595	12	139	71	176	22	175
Inglaterra	1.614	13	239	291	481	115	475
Italia	49.338	370	35.978	3.399	2.975	224	6.391
Portugal	53.478	168	21.731	14.526	7.259	63	9.730
Suecia	138	-	39	13	38	8	40
Suiza	644	11	173	102	174	30	154
Yugoslavia	696	6	431	38	63	13	155
Otros Países	4.761	144	2.434	315	642	98	1.129
Oceanía	146	-	20	22	46	19	38
País no Declarado	14.332	88	2.183	2.399	3.830	752	5.081

Como lo dije anteriormente, antes de 1936 hubo movimientos migratorios importantes en Venezuela. Se estima que, por ejemplo, entre los siglos XVI y XVIII más de 100,000 esclavos de origen africano entraran al país durante la época de la colonia, y en el caso de los españoles el número estimado asciende a más de 200,000.

GRÁFICO COMPARATIVO

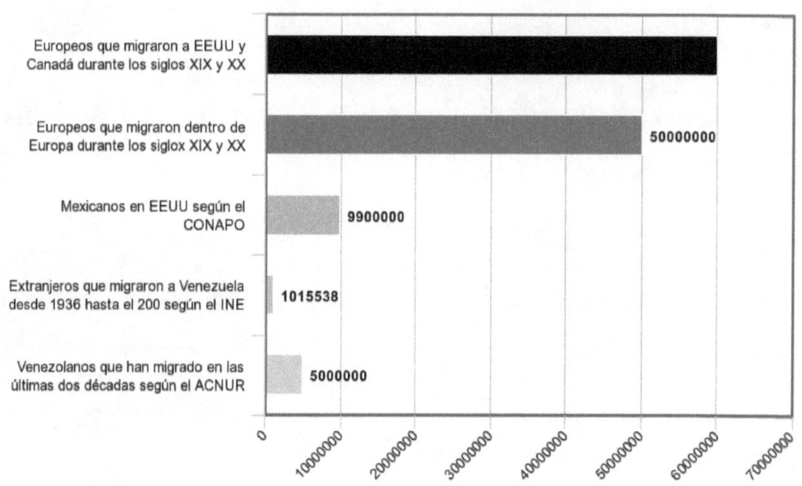

(Gráfico diseñado en Metachart.com)

En mi familia la primera persona que migró fue mi tía Gladys Parra junto con su esposo Nerio Vílchez. Mi tío Nerio recibió una beca por parte de la Universidad del Zulia para estudiar en Londres en la década de los setenta. Fue temporal, en cuanto terminaron sus estudios regresaron a Maracaibo a formar parte de la planta de profesores de dicha universidad. Y es que anteriormente la migración de venezolanos era temporal, quien saliera de Venezuela buscaba la manera de regresar al país con todos los climas, gente cálida, paraísos tropicales, desiertos y selvas.

El primer rector de la Universidad de Seguridad y Justicia de Tamaulipas en México (mi exjefe) el Lic. Leonardo Ayala, trabajó como Cónsul para la Secretaría de Relaciones Exteriores de México y me comentaba como durante las décadas de los setenta, ochenta y la primera mitad de los noventa, la asignación como Cónsul o Embajador en Venezuela era un premio "*Gustavo, debías hacer puntos para que te enviaran a Venezuela*".

Después de finales de los noventa e inicios del milenio era al contrario "*si hacías algo mal te enviaban a Venezuela a manera de castigo*".

La segunda persona de mi familia en migrar fue mi Tío Néstor (hermano de Tía Gladys). En 1992 fue enviado un año junto con su familia a Oslo (Noruega) por motivos laborales y de igual manera, en cuanto terminó el plazo estipulado, regresó a Venezuela.

Recuerdo que extrañaba mucho a mis primos y las llamadas telefónicas desde Venezuela hasta Noruega eran carísimas por lo que nos comunicábamos a través de cartas. Sí ¡CARTAS! Los tiempos de envíos eran semanas o meses desde su envío hasta la recepción de estas.

Así poco a poco todos fuimos migrando. Desde principios del 2000; amigos, compañeros, primos y tíos fueron saliendo del país, por trabajo, por amor, por desamor, por deseos de superación o por seguridad. Sea por las razones que sean el ser humano está genéticamente programado para migrar. Eso ha sido lo que ha motivado la migración desde la prehistoria. Gracias a la migración la humanidad se ha expandido por el mundo. Si no existiésemos los migrantes hoy no habitáramos cinco continentes. La migración y la redistribución de la población a lo largo de la historia es solo una muestra de que el ser humano fue creado para moverse, para cambiar de entornos, es parte intrínseca nuestra el ser dinámicos, el buscar, el construir... Irónicamente ha sido la migración la que ha generado la necesidad de crear fronteras. Es también una especie de necesidad el permanecer divididos "tú eres de aquí y yo soy de allá" como si a la final no fuésemos todos humanos, con pasaportes o sin ellos.

11. ¡CUIDADO! LO MALO TAMBIÉN EMIGRA

Tomando en cuenta lo descrito en el capítulo anterior y sumado a un análisis que he hecho durante mis escasos diez años como migrante, he desarrollado una hipótesis sobre lo que fueron (para mí) las tres fases en las comenzó a verse con mayor auge el fenómeno migratorio (específicamente) desde Venezuela.

Debo aclarar que esto no es una investigación oficial (aunque debería hacerlo). Es más bien un análisis personal que he hecho de manera empírica, según las noticias, información en internet, algunas estadísticas, familiares y conocidos. Y para mí los medios para salir del país (vía área, terrestre, etc.) son uno de los indicadores más acertados para medir tanto el nivel socio-económico de los venezolanos prospectos a migrantes. Así también revelan el grado de desesperación con el que se dio el fenómeno migratorio a lo largo de los últimos veinte años en Venezuela. La gente pasó de salir por los aeropuertos a salir en autobús, en carro y hasta a pie.

PRIMERA FASE - ENTRE 2000 Y 2010

La mayoría de las personas que salían del país durante esta década, eran personas que tenían buena posición económica. Personas que se sintieron en disgusto desde 1998 con la situación política en Venezuela tras la elección de Hugo Chávez como presidente de la república y decidieron comenzar a apuntar sus miras al exterior. Una parte de ellos miembros de partidos de derecha, altos ejecutivos de empresas transnacionales en Venezuela, así como empresarios que abrieron el foco de sus lentes para divisar la salida del país como vía para su expansión y para establecer nueva vida fuera de Venezuela. Muchos compraron propiedades en el sur de la Florida y establecieron una suerte de base inicial para lo que sería la diáspora venezolana. Cabe destacar que este grupo fue en gran parte responsable del inicio del alza en los costos de las propiedades en áreas como el Doral y Weston desde inicios del 2000 hasta la fecha.

Según el portal web *Neighborhood Scout* desde el año 2000 hasta el 2019 la apreciación del costo de las viviendas en el Doral, FL. fue de un 179.92 %. Tomando en cuenta la crisis económica del 2008 esto le da un puntaje de 10 en base a 10 en comparación con otras propiedades en Florida e incluso en todo Estados Unidos. La media del costo de una casa en el Doral es de $421,249 (Dólares Estadounidenses) y aun así la tasa de ocupación es del 49.7

% de viviendas con dueños, 50.3 % de viviendas alquiladas y solo el 23.7 % de viviendas están desocupadas. La renta promedio en el Doral a precio de mercado es de $2,647 p/mes. Teniendo presente que el Doral es un suburbio en plena ruta aérea (a diez minutos del Aeropuerto Internacional de Miami) y además del hecho de que en dicha ciudad se encuentra el basurero del condado de Miami Dade, el costo de las propiedades es de montos considerables.

Es difícil no mencionar mi conjetura sobre que muchos miembros del partido de izquierda, empezando a ver el auge y el flujo de efectivo que la "revolución" llevaba a las arcas gubernamentales, vieron en la compra de propiedades en Florida una vía de escape fácil y rápida para la fuga de capitales. Cuando viví en el Doral tuve la oportunidad de conocer a dos agentes inmobiliarios (cuyos nombres prefiero omitir) quienes compartieron, a manera de anécdota, como miembros de varias agencias encargadas de desarrollos habitacionales al oeste del condado viajaban hasta Caracas durante la primera década del 2000 para ofrecer propiedades en el Doral a cambio de porcentajes altos en comisiones *"La gente compraba propiedades caras sin siquiera venir hasta aquí a ver qué estaban comprando."*

En el caso de Weston FL., según el mismo portal, la apreciación desde el año 2000 hasta el año 2019 en los bienes raíces fue de un 145.32 %, colocándole un puntaje 9 en base a 10 en comparación a Florida y un puntaje de 10 en base a 10 en comparación a todo Estados Unidos.

La media del costo de una vivienda en Weston es de más de medio millón de dólares; $597,947 para ser exactos. El costo a precio de mercado de una renta promedio es de $3,291 y aun así la tasa de ocupación es de 73.3 % de viviendas con dueños, 26.4 % de viviendas alquiladas y solo el 15.9% de viviendas desocupadas.

No todos se fueron a *Doralzuela* o a *Westonzuela*. Hubo otro grupo importante de profesionales bien preparados quienes consiguieron buenos trabajos en países dentro de Latinoamérica y viendo la situación, así como sus posibles resultados; optaron por salir del país. Este fue un grupo de visionarios.

Un tercer grupo de personas en esta fase fueron familias de clase alta quienes tenían a sus hijos estudiando fuera de Venezuela y salían ocasionalmente del país para visitarlos. Poco a poco esas visitas se convirtieron en estadías más prolongadas y en algunos casos se convirtieron en estadías permanentes.

SEGUNDA FASE - ENTRE 2010 Y 2015

La mayoría de los prospectos a migrantes en esta fase eran aún estudiantes, personas que estaban por graduarse o recién graduados que vieron que tenían más posibilidades de desarrollo profesional fuera del país. En aquellos años comenzaba a ser difícil vivir con un sueldo a nivel profesional, este ya no alcanzaba para tener un estilo de vida digno en el país. Particularmente yo debía tener dos trabajos a nivel profesional para poder vivir relativamente bien, y aun así era difícil acceder a un crédito hipotecario o a un crédito para poder comprar un carro que me permitiera trasladarme de un trabajo a otro.

En esta fase aún era factible salir del país de manera planificada. Era posible diseñar planes, hacer contactos con amistades o incluso aplicar a trabajos en el exterior aun estando en Venezuela. Esto permitía salir con cierta calma, tener tiempo para ahorrar para boletos y gastos de adaptación, entre otros.

TERCERA FASE - ENTRE 2015 AL PRESENTE

En los últimos cinco años se ha visto un éxodo sin precedentes. El país que antes exportaba petróleo pasó a exportar su recurso más valioso; su gente. En este punto las personas salieron con desespero, por una parte, personas que tardaron en decidir si la mejor opción para ellos era salir o quedarse y por otro lado personas que teniendo sus planes de migrar desde hace tiempo tardaron años en poder ahorrar para salir del país. Según el sitio web *Informe Aéreo* la pérdida de la conectividad aérea es de más de 71.8%, en estos últimos años, de treinta y dos aerolíneas que viajaban desde y hacia Venezuela solo quedan nueve. De trescientos cincuenta vuelos internacionales semanales ahora quedan poco menos de cuarenta vuelos por semana. Hablamos de más de veinte aerolíneas que cancelaron sus vuelos por varios factores entre ellos la restricción del mercado de divisas *"Las aerolíneas dejaron de recibir dólares a cambio de los bolívares a los cuales tenían derecho por los convenios bilaterales. Y luego el otro factor que afectó mucho fue la inseguridad y ahora la inestabilidad política"*. Todo esto generó que muchos prospectos salieran en autobús, en carro, y hasta a pie. Eso no se veía antes de 2015.

En septiembre de 2019 la representación del Alto Comisionado de las Naciones Unidas para los Refugiados (ACNUR) estimaba que para finales de ese año hubiesen migrado cinco millones de venezolanos y esta misma calcula que para finales de 2020 el total de migrantes sean siete millones.

Lamentablemente en esta tercera fase se coló mucha gente que salió con la única intención de hacer daño afuera. No creo en el discurso de que *"Es que lo hizo por necesidad"* NO. La mayoría fueron personas que desde que salieron lo hicieron con esa intención y lamentablemente por unos pocos pagamos todos. Antes de 2015 no se veían noticias como las que se ven hoy en el exterior donde los venezolanos son los protagonistas y no de manera positiva. Supongo que sucedían este tipo de cosas, pero, o eran aisladas, o no eran tan graves o simplemente en aquel momento los medios no les daban la debida importancia. Son estos hechos los que han causado una tendencia xenofóbica que ronda Latinoamérica. Ahora, ¿pasa esto solo con los venezolanos? No. En todos los países hay delincuentes. Lamentablemente unos países los exportan más que otros.

Cuando un país produce recursos dignos de exportación procura que dicho producto cumpla con los controles de calidad más estrictos, por ejemplo: Colombia con el café. Las empresas cafeteras colombianas se encargan de exportar el producto Premium, lo mejor de lo mejor tras un proceso exhaustivo de selección. Esto con el fin de mantener un estándar y acostumbrar el paladar extranjero a un producto de calidad. Lastimosamente no pasa lo mismo cuando se exportan personas. En estos casos no hay un control de calidad, no hay un filtro. Por una parte, gracias a Dios que no lo hay. Si así fuera ¿entonces qué? ¿Que se queden todos los malhechores en el país en una especie de alcatraz a gran escala o de pueblo sin ley donde los malandros se adueñen (aún más) del país?

Por otra parte; salir solo con la intención de hacer daño fuera del país es tan o más doloso que quedarse en el propio país haciendo lo mismo. Aún más atroz la idea de salir del país a hacer daño a propios fuera de su país (venezolanos que estafan, roban o matan a otros venezolanos en el exterior). Mi intención no es reflexionar sobre el daño socioeconómico de Venezuela o de cualquier otro país de Latinoamérica, la intención de este capítulo es simplemente intentar generar cierto nivel de conciencia colectiva. No, no está bien robar porque alguien tiene hambre o porque no tiene techo, hay formas de generar dinero para poder cubrir esas eventualidades. Para robar no se necesita migrar y aparte se está generando un dañando tanto a la sociedad que hoy nos está albergando así como a la comunidad de venezolanos que hoy es juzgada a causa de unos pocos. Es como morder la mano de quien te da no solo de comer, si no de quien te abriga, de quien te extiende sus brazos y de quien te dice "vente para acá, que mi país te sirva de paraguas mientras en el tuyo cae un aguacero".

Agradezco enormemente a mis hermanos hispanos quienes nos recibieron y nos siguen recibiendo, prestándonos un pedacito de su suelo y de sus realidades. Realidades también aporreadas a causa de la política, de las injusticias y del daño que causa la ambición de quienes nos gobiernan y pido perdón por las veces en las que, con nuestras acciones, nos mostramos malagradecidos al querer hacer daño por exportar la maldad que tanto daño ha hecho a nuestro país.

Parte del Grupo que inicialmente iría a Ciudad Victoria en un ensayo para el recital *«Venezuela en Tamaulipas»* que se llevaría a cabo al llegar a Ciudad Victoria. De los que están en la foto solo llegamos a Ciudad Victoria, Eduardo Vega (a mi lado derecho) y yo.

La emblemática obra del Maestro Cruz Diez en el piso del Aeropuerto Internacional de Maiquetía. Esta era la vista desde el lugar donde pasamos la noche Eduardo y yo haciendo nuestros planes y esperando nuestro vuelo de salida de Venezuela.

Llegando al México, Aeropuerto Internacional Benito Juárez.

En Ciudad Victoria: Eduardo Vega, Un servidor y Jenson junto a su esposa en la cena de Bienvenida.

Conociendo al Presidente Municipal (alcalde) de Ciudad Victoria C.P. Miguel González Salum

Conociendo al Gobernador del Estado de Tamaulipas Ing. Egidio Torres Cantú en la apertura del Festival Internacional de Tamaulipas en septiembre de 2011

Llegada de Aimée y Dizzy a Ciudad Victoria

Actividad conmemorativa al Día de Las Naciones Unidas en una escuela primaria
de Ciudad Victoria

Ensayo del Coro Escolar

Visita de Jenson a Ciudad Victoria en octubre de 2011

Presentación del Coro Escolar en la Feria Estatal del Estado de Tamaulipas del año 2011

Catedral de Ciudad Victoria

Los balcones del Departamento del 13 Juárez donde vivimos inicialmente

En el Mercado de Arguelles en el Centro de Ciudad Victoria

Toda migración comienza así… mi equipaje en el Departamento que ocupaba junto a Aimée

Foto desde el interior del departamento

Aimée en Musical *"Footloose"* de la Academia de Música (En esta foto estaba embarazada de Tomás Elías)

Tomás Elías con dos años

Primera Foto en la que aparecí como trabajador de Gobierno del Estado de Tamaulipas. Me encuentro del lado derecho del Águila, despelucado (para variar). Trabajaba en el Centro Estatal de Tecnología Educativa

Tomás Elías y Mateo Ignacio. (A finales de ese año salimos de México)

Con el Gobernador del Estado Ing. Egidio Torres. En ese momento trabajaba en la Secretaría de Seguridad Pública. Jorge Fernández (Hablo de él en el capítulo MIGRAR LUEGO DE HABER MIGRADO) el primero de izquierda a derecha con camisa blanca y mirando al frente.

17 de diciembre de 2013. En "La Villa" justo antes de salir a Venezuela por primera vez en más de dos años

En el estacionamiento del supermercado donde dos años después encontrarían una hielera con tres cabezas humanas al interior de una camioneta.

Fotografía con motivo de la mención como "Maestro del Mes" en la escuela del Sr. Director

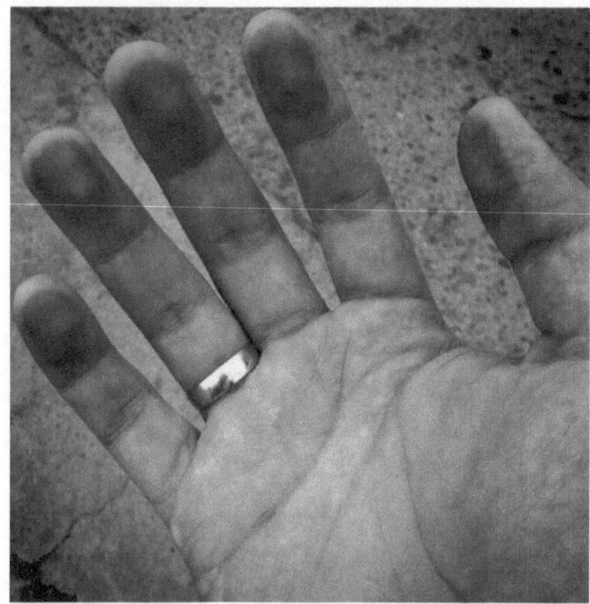

Resto de tinta cuando puse las huellas en el Instituto Nacional de Migración en México para obtener el estatus de Residente Permanente.

En una actividad en contra del gobierno de Venezuela llevada a cabo en la ciudad del Doral, Estados Unidos.

Tomás y Mateo: Tallahassee. Febrero de 2019

Entrevista con Edgar Gámez en su restaurant "María María" en Tallahassee

Escribiendo un par de líneas de este libro en un paraje en el trayecto de un viaje a Perry, Florida.

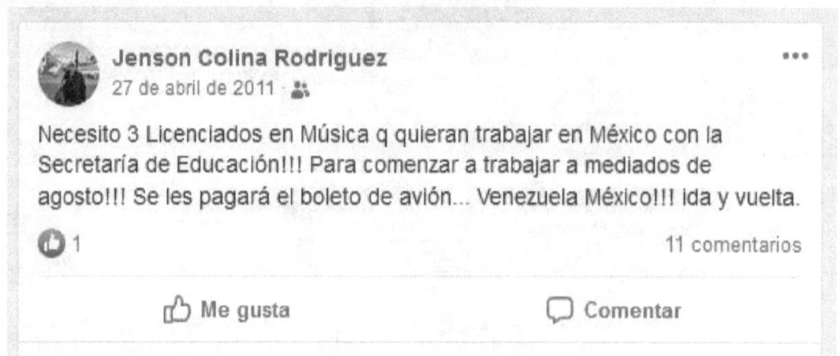

La publicación que cambió nuestras vidas. Irónicamente la solicitud inicial fue de tres músicos. Esto se convirtió en un grupo quince personas y finalmente se redujo en solo tres músicos más Aimée quienes fuimos a Ciudad Victoria.

12. EXTRACTOS DE ALGUNAS ENTREVISTAS EN EL PODCAST

Proyecto: Migración nació con el inicio de este libro, pero no vio luz hasta el 9 de enero de 2020 cuando salió en las plataformas de reproducción musical el podcast con este nombre. Gran parte de los doce episodios completos (epfamiisodios con invitados) que componen la primera temporada de este, fueron nombrados según cada capítulo de este libro y para hablar de cada tema seleccioné exhaustivamente a los invitados que compartieron sus vivencias como migrantes.

Me siento gustoso de compartir en estas líneas extractos de esas entrevistas. Cada uno de estos invitados tiene una chispa única y una de mis tradiciones en cada episodio del podcast es que durante la presentación del invitado siempre menciono lo que más me impactó (y/o me sigue impactando) de la personalidad de cada uno. Este podcast me ayudó enormemente a sentirme listo para poder hablar abiertamente sobre mis experiencias como migrante y me llenaba ver y sentir el alivio de cada invitado al relatar sus propias historias de migración ¿Qué seríamos sin nuestras historias? Independientemente de los finales, sean felices o no, somos lo que vivimos y crecemos cuando contamos abiertamente nuestras vivencias.

ENTREVISTA CON DON RONY SANCIR PARA EL EPISODIO «¿ME VOY O ME QUEDO?»

G. En este episodio hablaremos sobre una pregunta que yo creo que a todos nos ronda la cabeza al menos unas 100 veces antes de salir de nuestro país (…) Para este episodio tengo como invitado a el popular Don Rony Sancir, bien conocido aquí en la ciudad de Tallahassee. A Rony lo conocí en uno de los retos más difíciles que me ha tocado asumir desde que salí de Venezuela, el proyecto de Andrews Place en Panama City, Florida, donde estuvimos trabajando en la restauración de este complejo habitacional después del huracán *Michael* en 2018. Como es muy común escuchar entre maracuchos "al principio me caía mal". Pero aprendí de Rony como la constancia, la destreza y sobre todo la honestidad y la franqueza pueden hacer que te vaya bien en cualquier lado a donde vayas.

G. ¿De dónde es usted?

R. De la ciudad de Guatemala.

G. ¿Cuánto tiempo tiene que salió de Guatemala?

R. Yo tengo 15 años de haber salido de mi país.

G. ¿Desde que salió está aquí en los Estados Unidos?

R. Si, en Tallahassee.

G. ¿A qué se dedica actualmente?

R. Yo me dedico a la construcción.

G. Don Rony, cuando en su mente inevitablemente llegó la pregunta ¿Me Voy o Me Quedo? ¿Qué le hacía inclinarse por el lado de quedarse y qué le hizo decidir finalmente que lo mejor era irse?

R. Una de las razones, pues, pienso que para la mayoría de las personas que vivimos en este país es lo económico. La parte económica y pues, cuando ya tienes una familia y tienes que ver que vas a hacer con ellos, decides abandonar tu país por darles una mejor vida a ellos. A la familia más que todo.

G. Sí, a la final de cuentas este factor siempre es clave, porque, uno puede tener la indecisión a mil en la cabeza, pero siempre la plata es lo que más pesa. (…) A veces es un tira y encoje, y a veces es lo que mucha gente no entiende cuando uno está todavía en su país pensando. Uno dice, ok, me voy a hacer más plata, pero es que el dinero no da la felicidad. ¿Qué piensa usted de ese dilema?

R. Es una parte difícil porque, tienes que decidir una de las dos. No puedes decidir las dos (…) y pienso que la más difícil es decidir migrar, en irte de tu país por ver la felicidad de los tuyos y pues, yo pienso que cualquier persona que está en los Estados Unidos ha pasado por lo mismo.

G. Me imagino que su caso es difícil porque usted lo hizo para poder darle tranquilidad a su familia, pero no ve a su familia, o sea, no ve esa tranquilidad que les está propiciando.

R. Esa es la parte difícil de cada persona que estamos aquí, porque, o sea, prácticamente aquí uno vive la soledad, o sea, los ves, les llamas, pero no hay aquel calor que sientes cuando los abrazas, es la parte difícil de estar en los Estados Unidos.

G. Sí, eso es algo que uno evalúa mucho cuando dice "Estados Unidos" porque uno sabe que viene para acá y salir es difícil. Entonces, sabes que vas a ganar, vas a tener mejores ingresos que cuando uno está en el país de uno (más que todo si uno viene de un país de Latinoamérica) pero, a veces ese peso de no poder estar cercano a la familia, y no poder estar con los tuyos se hace un poquito más difícil ¿no?

R. Sí, yo he conocido a personas que, han estado aquí tal vez seis meses, ocho meses y se regresan, porque es difícil vivir en este país. Prácticamente cambias rotundamente tu vida porque, aparte el idioma, la comida y pues siempre te hace falta el calor de la familia, entonces, hay personas que deciden mejor regresar.

G. Regresarse y después están allá tres meses, se vuelven locos y se quieren venir otra vez.

R. Y se regresan otra vez.

G. Si tuviese la oportunidad de regresar en el tiempo al día antes de haber salido de Guatemala y poder darse un consejo ¿Cuál sería?

R. Haberme traído a mi familia…

G. Eso es lo que más le pesa (…)

R. (…) Nunca piensas que te vas a quedar tanto tiempo y nos ha pasado a varios, dices "me voy dos años", "voy y vengo" pero te das cuenta de que hay mejores oportunidades en este país y tu familia vive mucho mejor. Pero pesa también la familia porque pasan cumpleaños, eventos muy importantes, en el caso de mis hijas, se han graduado (…) y es esa parte que todavía digo yo, me pesa (…) y pues hubiese sido lo ideal; venirnos todos.

ENTREVISTA CON JUAN JOSÉ LÓPEZ PARA EL EPISODIO «*ADAPTACIÓN*»

G. En este episodio vamos a hablar sobre uno de los procesos más complicados una vez que uno decide salir de su país como lo es la *adaptación*. Para este episodio tengo como invitado a alguien bastante especial para mí (…) a Juan lo conozco desde hace más de 20 años. Aparte de ser el hermano de la dueña de mis quincenas y de la mamá de los muchachos, te vengo tratando mucho más desde el 2010 cuando me abrieron las puertas de tu casa. De Juan aprendí que el valor real de una persona está en el ser generoso y humilde, y ojo; no me refiero a la generosidad a la que mucha gente confunde con filantropía, me refiero a ser generoso en el trato, en ofrecer una sonrisa o una palabra de aliento incluso cuando no la piden.

G. ¿Juan, de donde sois?

J. De Maracaibo. (Venezuela)

G. ¿A qué te dedicabas en Maracaibo?

J. Bueno, a qué no me dediqué yo en Maracaibo, pero en realidad, al final terminé siendo odontólogo.

G. ¿Y actualmente qué haces?

J. Sigo siendo odontólogo y moriré odontólogo también.

G. ¿Actualmente dónde vives?

J. Estamos viviendo ahorita en Chile, específicamente en Santiago de Chile Región Metropolitana.

G. ¿Qué fue lo que más te impactó al salir de Venezuela? ¿Qué fue lo más difícil en tu proceso de adaptación?

J. Lo que más me impactó al salir de mi país: Primero. De ser una persona que gozaba de muchos privilegios y cariño y que pa' donde yo iba sabían quién era, al ser una persona que no conocía nadie. (…) La soledad fue lo que más me afectó, pero querer salirme de eso también me ayudó a buscar las nuevas oportunidades, los nuevos amigos… yo no me cerré. De verdad que eso fue lo que más me hizo, así como que "clic". Esto es una nueva oportunidad, ahora tengo más experiencia, así que con más experiencia puedo tomar mejores decisiones y volví a hacer el trabajo de hormiguita.

G. Tocaste un punto muy importante, cuando uno sale de su zona (…) el instinto de supervivencia te hace ir (…) cuando uno se siente solo, cuando uno se siente amenazado, cuando uno se siente medio incómodo ahí es cuando uno se activa todo y empiezas a fluir.

J. Todo es relativo, acuérdate que también hay gente que esa salida de la zona de confort les da por ser pesimistas, les da por quejarse (…) y empiezas a quejarte y empiezas a ser negativo. Eso no sirve, así no vas a salir de donde estás, simplemente es, bueno antes no caminaba ¡ey! ¡Qué arrecho es caminar! Mira; la luna, el sol, el clima, los pajaritos ¿suena ridículo? ¡No! Es un cambio que te hace ver con una óptica distinta lo que antes ni mirabas por la ventana del carro.

G. Ver el lado positivo de todo, dicen que lo primero que hacen los ganadores es siempre buscar la situación positiva en cualquier adversidad.

J. ¡Positivo! ¡Bajé ocho kilos! (…) eso era de la «caminadera». Las preocupaciones, porqué somos humanos y todos sentimos temores, todos sentimos victorias, euforias, inseguridades, pero ahí no nos podemos quedar, nunca.

G. Recuerdo que hace como unos tres años pasabas videos en el grupo de *WhatsApp* de la familia donde estabas en bicicleta, después de tener ¿cuántos carros en Maracaibo?

J. Tres.

G. Tres carros en Maracaibo, entonces, ahora manejabas bicicleta ¿Cómo fue ese cambio Juan?

J. Fuerte, fuerte. Estaba pesando ochenta y seis kilos y yo mido un metro y setenta y cuatro centímetros y eso no es ni gordo ni flaco, pero estaba más gordito que flaco. Primero yo no manejaba bicicleta; en Maracaibo tu salías en bicicleta y no llegabas a tres cuadras y ya te estaban violando (…) entonces no estaba acostumbrado. La primera vez que salí en bicicleta, que salí con mi hermana (que ya estaba acostumbrada a andar en bicicleta), me caí, me pasó una bicicleta por encima, raspé la bicicleta nueva, y eso no fue motivo para no hacerlo el día siguiente. Por supuesto, cuando no estás acostumbrado a eso (a andar en bicicleta todos los días) te duele hasta "el que te conté".

G. De repente suena trillado, y lo dijiste muy bien ahorita. Cuando uno dice cosas o palabras como "Zona de Confort", o como "Pasarse el *Switch*", o como "Es actitud" o sea, aunque son trillados, son cosas que inevitablemente nosotros tenemos que aprender e internalizar porque es que de eso se trata la migración. Es salir de tu zona de seguridad, de tu zona de confort, donde te vas a sentir inseguro, donde te vas a sentir amenazado, donde te vas a sentir vulnerable pero (…) es la única forma en la que puedas romper el cascarón y salir adelante.

J. A todos se nos olvida que migrar es una oportunidad de vida, que no migramos por moda (como algunos todavía dicen) que no migramos porque qué lindo, porque me aburrí, no. Migramos por una necesidad de vivir mejor, y coño, si eso es así, entonces ¿por qué no le das gracias a Dios, a esa nueva oportunidad de vida y ese lienzo en blanco y lo haces bonito? Cuando nos acordamos de eso le damos más valor a lo que hicimos.

G. Si tuvieses la oportunidad de decirle hoy a tu hija de cuatro años, algo que estarás seguro de que recordará toda su vida ¿Qué sería?

J. Nosotros hicimos esto por ella; porqué en el momento que nos fuimos (mal que bien) mi clínica estaba en lo alto, yo vivía una vida súper cómoda, pero, pensar que Alexandra no pudiera tener un futuro como el que yo quería, aquí lo tienes hija, espero que lo aproveches y espero que seas feliz.

ENTREVISTA CON GISELA BRICEÑO Y BEATRIZ RODRÍGUEZ PARA EL EPISODIO «DESAPEGO»

G. Hoy voy a hablar de un tema que he tocado mucho en los micro-episodios, en publicaciones en mis redes sociales y es un tema sobre el que entreno día a día; el *Desapego*. El *Desapego* a las cosas, a lugares e incluso a relaciones, trabajos, etc. ¿Por qué a relaciones? Me preguntaron una vez. A veces estamos aferrados a relaciones que son dañinas para nosotros, pero por apego no las dejamos y ojo, no me refiero a relaciones de pareja, me refiero a cualquier tipo de relación humana. Muy por el contrario, hay relaciones que debemos cultivar incluso en la distancia, es por eso que hoy mis invitadas serán dos personas que para mí son un mundo, mis hermanas de otras mamás: Gisela Briceño y Beatriz Rodríguez a quienes conozco desde mi primer día como profesor en la Universidad Católica Cecilio Acosta, hace más de 16 años. (…) De Gisela me impactó su actitud de "resteada" como decimos en Venezuela, echada pa' 'lante sin mirar para los lados. De Beatriz su optimismo que a veces llega a picos inaguantables (lo digo con todo el cariño), lo que ha hecho que hoy Bea esté donde esté como dicen los gringos "Representando". Representando a Venezuela en lo alto desde su trinchera en su trabajo donde ha recibido reconocimientos por su labor y sus logros.

¡Mis *cielas*, bienvenidas! No saben lo que significa para mí que me estén acompañando hoy en este episodio.

B. Muchas gracias Gus, esa introducción casi me hace llorar.

Gi. Muchas gracias Gus, sí; mejor no nos pudiste presentar.

G. Como ya se los dije anteriormente; quise que habláramos los tres del *Desapego* por dos razones. Primero porque una de las dos es bastante apegada y la otra ha aprendido que el *Desapego* es una herramienta. Sin embargo, quien aplica hoy el *desapego* fue bastante apegada durante su proceso migratorio (…)

¿De dónde son?

B. Nací en Maracaibo.

Gi. Yo soy Maracucha a mucha honra.

G. ¿Cuánto tiempo llevan fuera de Venezuela?

Gi. Desde el 2010.

B. Yo tengo 6 años.

G. Voy a comenzar con Gisela que es la que tiene más tiempo de haber salido de Venezuela. Gise ¿Cómo fue ese proceso migratorio tuyo?

Gi. Duro, muy duro. Muy difícil. Un día tomamos la decisión, mis papás estaban en Chile, pasó el terremoto en Chile, ellos tenían casa allá y estábamos pensando en irnos a vivir allá (mi pareja y yo con ellos) pero, fue lo del temblor y pues tenerlos de vuelta en Venezuela nos cambió toda la perspectiva y decidimos venirnos a Colombia porque mi mamá es colombiana y el que era mi esposo también y pues yo iba a tener la nacionalidad. Quedaba mi papá solamente sin nacionalidad pero pues igual mi papá no iba a trabajar.

Tomamos la decisión de venirnos, una decisión muy dura, lloré muchísimo. Yo me crie sola con mi mamá en Venezuela y mis amigos (ustedes) eran mi familia, separarme de ustedes era muy drástico para mí y venirme a estar aquí cerca de mi verdadera familia; mis tíos, mis primos, pero son personas con las que no había crecido. Tomar la decisión me costó mucho pero bueno, la tomé porque consideré que era lo mejor.

G. Yo recuerdo mucho eso porque de hecho la idea era que saliéramos todos, en aquel momento, el plan era que saliéramos todos.

B. Menos yo.

G. Sí, porque tú estabas en otras cosas, estabas en otros rollos que en aquel momento te estaban aquejando. Yo me acuerdo de que eso fue un año antes de que yo recibiera la oferta a México.

Bea ¿Cómo fue tu proceso de migración?, ¡cuéntanos!

B. Mi proceso de migración fue completamente diferente y muy ideal. Mientras todo el mundo estaba en el boom de cambiarse, de moverse de Venezuela y buscar otras opciones, para mí eso no estaba en el tapete. Yo tenía mi trabajo, yo tenía una mamá enferma que cuidar y que atender. Estaba casada, mi esposo estaba trabajando, pero de un momento a otro a mí la vida me cambió. En el mismo año perdí a mi mamá, me divorcié y perdí mi trabajo. Entonces, mi perspectiva de mi situación en Venezuela obviamente cambió. Yo venía trabajando anteriormente con algunas empresas que me permitían hacer contacto con empresas de Estados Unidos y en algún momento dije "yo no tengo planeado irme de Venezuela a menos que yo tenga un trabajo y que me permita irme con mis hijos de manera estable". Vine de visita a ver a Gisela y a hacer un curso por mi cuenta y estando aquí la empresa para la que trabajo ahora me dice "¿qué opciones hay de que vayas a Bogotá a hacerte una entrevista?" Yo le dije "Yo estoy en Bogotá" entonces fue algo así como mágico. Y ahí es donde yo digo y lo repito mil veces que casualidades no existen, son causalidades. Se presentó todo muy perfecto y por eso es que digo que mi proceso fue ideal, Salí de la manera que todo el mundo debería salir, con las opciones muy abiertas para mí, para trabajar en lo que yo he estudiado y me he preparado toda mi vida y así fue que me vine a Bogotá.

G. Sí, todos deberíamos salir así en un mundo ideal, porqué nosotros merecemos eso. Gente que le dio duro en Venezuela que tuvo muchas cosas en las que trabajó, debieron salir así, merecían salir así y eso lo entiendo.

Sabes que tu proceso migratorio lo recuerdo mucho por dos cosas; primero porque recuerdo que tú te fuiste en enero y yo en diciembre fui a Maracaibo y nos vimos. Tú fuiste al bautizo de Tomás, estuvimos compartiendo, nos vimos en mi cumpleaños, etc. Y recuerdo que en ese momento tú estabas haciendo todo el preparativo para cambiarte, esa es la primera razón por la que lo recuerdo. La segunda razón por la que recuerdo tu proceso migratorio es porque Beatriz es la única persona que conozco (en mi vida) que alquiló un camión para mover sus cosas desde Venezuela, o sea, desde Maracaibo hasta donde te mudaste en Bogotá. Cuéntanos ¿cómo fue esa vaina Bea?

B. Bueno, resulta que cuando a mí me mudan, la empresa me dice "ok, yo te voy a dar un puesto de trabajo en Bogotá" (ellos saben que yo no vivo en Bogotá, yo vivo en Venezuela) "entonces, ok. No te preocupes, la empresa te va a ayudar tanto con el proceso de papeles (tu proceso legal) y además de eso te vamos a dar un dinero para ayuda de mudanza" (…) En ese proceso de mudanza yo dije "esta es mi oportunidad de traerme de Venezuela (…) unas poquitas cosas porque realmente no fueron muchas".

G. No, nada más fue un camión.

B. Fue un camión donde me traje, mis vajillas, un baúl, mis cuadros, mi mesa de comedor que es espectacular, un espejo de cristal de roca bellísimo que tenía en Maracaibo, en fin. Me traje mis cosas.

G. Claro, algo tan esencial como un baúl y como un espejo, claro. Yo lo entiendo. Los primeros meses de migración no podrían ser nada sin un espejo y sin un baúl.

B. Realmente, lo hice porque pude. Esa es la única razón por la que yo puedo dar una explicación para esto. Porqué si bien es cierto, sí; yo no soy materialista, pero eran cosas que me gustó tener y como tuve la oportunidad pues lo hice y sí, ese es mi chiste de mi proceso migratorio.

.G. Sabes que quiero entrar en ese tema porque tocaste algo sobre el materialismo y quiero preguntarte ¿Qué genero ese cambio? De tener un nivel de apego tal como de rentar un camión de mudanzas pa' eso, pa' cambiarte de país (de país, o sea no de ciudad, sino de país) a empezar a sentirte mejor siendo desapegada ¿qué activó ese cambio?

B. El darme cuenta de que eso no me daba…

G. Felicidad…

B. Es una palabra muy amplia pero, mi felicidad no está en mis cosas, o sea, igual. Aunque mi proceso fue muy ideal, igual había ausencia, igual había un hueco en mí, entonces yo decía "yo necesito entender que ya yo no estoy en Venezuela, no voy a dejar de ser venezolana, no voy a dejar jamás de ser maracucha pero ya no estoy allá. Yo estoy aquí y aquí es donde tengo que hacer mi vida y aquí es donde tengo que buscar mi bienestar y hacer de mi entorno, mi felicidad.

Entonces empecé a entender que no importa si tengo mi cuadro de Maracaibo o mi cuadro de Bogotá, igual el espacio donde esté es lo que yo voy a crear para mí, para estar bien. Como siempre les digo; yo estoy bien donde estoy y estoy bien como estoy, porque así lo decreto.

G. Y con las cosas que tenga o no tenga.

B. Con las cosas que tengo y con las que no tengo. Porque igual dentro del proceso migratorio que, aunque ha sido muy ideal no ha sido fácil. Porque dentro de todas las perspectivas cada quien ha vivido cosas diferentes. Igual me ha tocado mudarme de un apartamento muy grande a un apartamento más pequeño, a estar rentada, a estar propia, en fin. Son situaciones que parecen como una montaña rusa, pero son procesos a los que yo me he podido adaptar fácilmente (porque lo puedo decir con mucho orgullo) ahora, de entender de lo que soy ahora, de lo que me ha costado esfuerzo o no, pero es lo que tengo, sea mucho o sea poco.

G. Claro. Fíjate que tocaste dos cosas claves que me gustaron mucho: "Las cosas no me dan la felicidad porque nada me va a quitar el vacío que yo siento…" y eso es algo por lo que pasamos muchos. El proceso de duelo que uno pasa en la migración (…) obviamente aparte de que lo causa la separación de la familia, el ya no estar viviendo en el lugar donde estábamos, un causante grande de ese duelo son las cosas que dejamos atrás, las cosas. Porque todo se resume (en algunos casos) en dos maletas de veintitrés kilos y una maleta de diez kilos. En mi caso siempre lo he dicho, y la verdad no lo digo ni con remordimiento ni con nada, lo digo bastante claro. Yo en mi caso tuve que cambiar una maleta de veintitrés kilos pa' poderme traer mis guitarras, entonces fueron menos cosas las que me pude traer.

B. Tu guitarra y tu cuatro fue mi camión con mis cuadros y mi baúl. Pero es que, si miro atrás en ese momento, yo no dejaba nada en Venezuela. Yo no tenía papás, no tenía marido, no tenía trabajo, mis dos hijos se venían conmigo, es decir, eran otras situaciones.

G. Bueno, en mi caso yo las guitarras las traje, no tanto por el apego, sino porque eran una herramienta de trabajo y siempre lo digo, no me arrepiento de haberlas traído. (…) actualmente estoy trabajando en una teoría que es sobre las Cinco Fases de cualquier proyecto migratorio. La primera fase es la *Decisión*, luego viene la segunda fase que es la *Planificación*, en la tercera viene el *Desapego* y luego la *Adaptación*. No podemos adaptarnos a un lugar nuevo si no hay antes un proceso de Desapego porque cómo dices tú, empezamos a arrastrar cosas, empezamos a arrastrar vacíos y malestares que lo transmitimos al lugar nuevo. Y nunca permiten que nos podamos sentir a gusto en ese lugar sino tenemos un apartamento bien equipado, sino tenemos todas las cosas que teníamos en Maracaibo, o al menos, parecidas, porque hay mucha gente que lo que hace es que trata de emular la vida que tenían en Maracaibo, las cosas que tenían en Maracaibo en el lugar nuevo.

Gi. Yo pienso que eso es parte de la aceptación porque hasta que no aceptamos que realmente ya nos fuimos y bueno, hicimos esos cuatro pasos que tú dices pero no aceptamos que realmente eso era lo que queríamos, pues no somos felices en el sitio donde estemos. Entonces, es parte de aceptar que nuestra vida se dio de esa forma y que no solo a nosotros nos ha pasado, que mucha gente, muchas personas de otros países han hecho lo mismo que nosotros, han migrado. Nuestra misma ciudad estaba llena de gente migrante, como mi padrastro que es italiano, gente colombiana y de muchas otras partes, pero hasta que no aceptamos ese "o sea, realmente estoy aquí y mi corazón y mi mente debe estar aquí" no es que logramos hacer ese proceso de verdad.

G. Me gustó mucho que tocaras eso porque, recuerdo que estuvimos detrás de ti durante semanas para que te deshicieras de mil cosas que tienes en tu casa que ya no usas y tuvo que ir Beatriz con bolsas y decirte "ya estoy lista ¿qué vamos a hacer?" ¿Cómo te sentiste al hacer esto Giselita?

Gi. ¡Es que eso fue muy difícil! Porque fue la decisión de venirnos, dejar cosas atrás y dejar mi gente atrás, o sea, dejarlos a ustedes dos, dejar a mi familia con la que crecí que eran mis amigos que siempre estuvieron ahí para mí. Fue muy difícil. Yo recuerdo que fui la primera que levantara el rabo y se fuera. Eso fue muy duro para mí porque obviamente yo pensé que iba a verlos a ustedes irse primero que yo y pues (…) yo no traje un camión pero sí traje como mis cosas, mis objetos personales, lo más preciado conmigo, tuve la oportunidad de que mi mamá me enviara cosas (…) pero mi corazón seguía allá, mi corazón seguía en Maracaibo con ustedes, mi corazón seguía al lado de las personas que yo amaba y pues me empecé a llenar de cosas porque ¿qué hacen los objetos? Los objetos se vuelven preciados para uno cuando uno no acepta su situación. Entonces me empecé a llenar de cosas, se da todo mi proceso aquí, empiezo a trabajar, logro quedar embarazada, tengo a mi niña, me voy de la casa de mis papás y pues me llevo todas mis cositas que era lo que me daban seguridad y pues, me separo luego de mucho tiempo y vuelvo a la casa de mis papás con todas mis cositas. (…)

G. ¿No había ningún baúl verdad?

Gi. Claramente tantas cosas, Beatriz decía "es un desorden" y sí, ciertamente era así y les agradezco a ustedes que me ayudaran a ver que soltando todas esas cosas me liberaba de carga yo; me liberaba de carga de Venezuela, me liberaba de carga de una relación que se acabó, me liberaba de recuerdos que al fin y al cabo van a estar es en mi mente, o sea, no los tengo que tener en un papel, o en un objeto o en una camisa.

B. O en un baúl.

G. O en un baúl o en un espejo de cristal.

Gi. O un espejo de cristal ¡sí! Y bueno, con Bea logré sacar más de diez bolsas. Muchas más de diez bolsas, creo que fueron alrededor de veinte bolsas, entre cosas mías, de mi mamá, de mi papá, de Amanda, juguetes de Amanda y todo se donó. Obviamente desocupamos, la casa se liberó de energías, bajaron esas energías que estaban cargadas y pesadas y pues fue una fecha espectacular cuando yo empecé a hacer eso porque fue en diciembre. O sea, empezar nuevo año con menos carga, entonces, es difícil porque eso mismo que yo siento se lo transmito a la niña y creo que es algo que mi mamá me ha transmitido de alguna forma. Pero bueno, sí se puede, sí se puede y lo importante de esto es que nos libera, nos quita carga y nos hace sentir mucho mejor pero el proceso de aprender es duro.

G. Claro, no lo dudo. Los americanos le llaman a eso *"declutter"* (es como desocupar) Yo trato de hacerlo (es difícil porque lo entiendo). Yo lo trato de hacer una vez al mes, entonces, ya cuando Aimée me ve con una bolsa en la mano o me ve abriendo un closet que usualmente no abro ya ella empieza a decir "ya, ya vamos a empezar a botar cosas". Igual los niños, los niños cuando me ven con una bolsa en la mano que entro al closet de ellos ya saben por dónde voy.

B. Mis hijos me dicen "¡dentro de poco nos botas a nosotros!".

G. Pues, si ocupan mucho espacio, ¡de repente! "¿qué tan minimalista es ser minimalista? los hijos ya me estorban ¡adiós! ¡Jaja!

Gi. Yo te digo algo, lo que hicimos nosotros me ha servido mucho sobre todo con Amanda porque Amanda ya va al closet, así como "mami mira, toma estas chanclas ya no me quedan es para que las vendas o para que las regales" (…) "mami mira, estos zapatos no me quedan, esta camisa no me queda" (…)

G. ¡Claro! ¡Buenísimo! Vi una película hace algunos años, se llama «Amor Sin Escalas» con George Clooney. De repente la conocen. El personaje principal era un carajo que la única labor de él era ir a las empresas a hacer despidos y aparte de eso era conferencista y siempre abría sus conferencias con una pregunta, él sacaba un morral (una mochila) y preguntaba "si tuvieses que llenar esta mochila con todas las cosas que posees, desde el carro hasta tu casa ¿podrías caminar? Ahora, si debo prenderle fuego a la mochila ¿Qué sacarías?

Les pregunto Si tuviesen que reducir todas sus posesiones en dos maletas de veintitrés kilos ¿qué sería lo primero que meterían y que meterían solo si cabe?

Gi. ¡Jajajaja! ¡No me hagan esa pregunta a mí, por favor!

G. Bueno, yo voy a comenzar con Beatriz para que tengas tiempo de pensarlo, a ver Bea.

B. ¿Qué metería sin falta? Las fotos. Mis fotos familiares.

G. Qué meterías en el caso "solamente si cabe" como que opcional.

Gi. Su maquillaje.

B. No, ya ni eso porque lo puedo comprar donde vaya.

G. Es que con las fotos es lo mismo, no entiendo, explícame lo de las fotos.

B. Tengo fotos de mi hermano que no está, de mi papá que no está, de mi mamá que no está. Que no están, que no están. Que están en el cielo pues, eso sí son un tesoro para mí.

G. Pero las fotos las puedes escanear y las puedes reimprimir en cualquier otro lado ¿no?

B. Puede ser, pero no lo tengo hecho. A lo mejor en un momento me dices "no, no te puedes llevar las fotos", bueno, las escaneo y me las llevo de alguna manera. (…) de resto nada.

G. Gisela te escucho

Gi. Yo creo que alguna ropa y pues si cabe, el computador. Pensando en lo mismo que dice Bea; las fotos. Porqué hay recuerdos que guardo en el computador que no están en otra parte (…).

G. Yo les pregunto esto porque (…) yo tuve que hacer esto y fue clave para entender lo que debe ser el *desapego*. La primera vez que tuve que llenar una maleta de veintitrés kilos me pego duro, y la segunda fue igual. Ya la tercera fue la vencida (…). Vivimos la vida (como lo decía Gisela) trabajando para comprar cosas, para luego desecharlas. Entonces, vivimos la vida amando las cosas y desechando (irónicamente) a las personas que son de valor. O sea, si desechan a personas que no son de valor para ustedes, está bien, se entiende, pero, muchas veces desechamos a personas que son valiosas por perseguir el dinero o por comprar cosas.

Si pudiesen viajar en el tiempo al día antes de salir de Venezuela y hablar consigo mismas para poder darse un consejo ¿qué consejos se darían?

B. Yo me diría a mí misma, "agradece esta oportunidad porque simplemente es un cambio nuevo. Es algo nuevo y de todos los cambios viene siempre algo nuevo, entonces agradece: cada cosa, cada paso, cada tropiezo, cada sonrisa, cada gente; agradece. (…)

G. Gratitud ¡Excelente!

Gi. Yo creo que me diría a mí misma que mañana va a ser un nuevo día y que va a haber un nuevo sol y que voy a lograr ser feliz, tanto más o igual de lo que fui en Venezuela y que no debo sufrir.

B. Eso último que dijo Gise de que "no voy a sufrir", es algo que todo el mundo tiende a hacer. Y no es que todo proceso migratorio signifique sufrimiento (…) pero lo asocian con eso. Y lo que es realmente cierto es que la migración es como tú lo veas. (…) Pero si ya tú te enfocas en que vas a sufrir y que es arrecho, de ahí no te va a sacar nadie.

Gi. Fíjate que mi mamá migró de aquí para allá en su época, (que eran otras épocas claro) y mi mamá nunca me habla de sufrimiento. Mi mamá siempre que habla de su migración lo ve como una experiencia tan linda y como que lo mejor que le pasó en la vida (…).

G. Es el enfoque; la energía que nosotros impregnemos o imprimamos en una sensación o en una emoción es lo que se va a fortalecer más. Si yo me encierro en que la migración es dura; la migración va a ser dura. Bea dijo algo muy importante, ningún proceso migratorio es ideal; todo proceso de migración tiene su nivel de dificultad. Pero si nosotros nos enfocamos en lo negativo va a ser negativo, si nos enfocamos en lo positivo va a ser positivo. Hay personas que tienen cinco o diez años que migraron y todavía no lo han internalizado.

ENTREVISTA CON JULIO PARA EL EPISODIO: «FAMILIAS DIVIDIDAS»

G. En este episodio intentaremos hablar sobre migrar y dejar a la familia en la tierrita de uno. Seguro que recuerdan a Rony en el primer episodio y como el expresaba su pesar al estar él aquí y su familia en Guatemala, ese mismo duelo lo pasamos muchos, todos de maneras distinta. Para este episodio tengo como invitado a Julio, quien compartirá con nosotros su experiencia en este sentido. A Julio lo conocí aquí en Tallahassee y de Julio me impactó su deseo su deseo de superación y de incluso retarse a sí mismo para "desarrollarse" palabra textual que usa mucho.

G. ¿De dónde eres *brother*?

J. Soy dominicano por la gracia de Dios y Bienaventurado.

G. ¿Hace cuando saliste de Dominicana?

J. El tiempo es corto, tengo apenas cinco meses que salí de mi país.

G. ¿A qué te dedicabas allá?

J. Toda mi vida me dediqué básicamente a lo que es el turismo, por lo cual me siento sumamente agradecido, es un destino turístico que a todo el mundo le gusta y a eso me dedicaba.

G. ¿A qué piensas que puedas ocuparte cuando ya tengas tu permiso para trabajar?

J. (…) Me gustaría pues comenzar en lo mismo.

G. ¿Tienes familia en Dominicana?

J. Sí, tengo a mis hijos en Dominicana.

G. ¿Cómo manejas esa relación? Tú estando aquí y ellos estando allá, es decir, consejos, guía, eventualidades que se presenten ¿cómo lo haces?

J. Fíjate, es un poco emocional realmente. Pues, al principio no ha sido nada fácil para mí porque el tener tus hijos allí, la comunicación es efectiva, pero, duele realmente al no poderla tener cerca. Aunque sea efectiva la comunicación.

G. ¿Es abierta?

J. Sí.

G. Si tuvieses la oportunidad de viajar al día antes de salir de tu país y darte un consejo a ti mismo ¿cuál sería?

J. Si viajo al tiempo de mi pasado, no es que sea malagradecido de crecer en mi país, pero en tan poco tiempo es tanta la oportunidad que he podido tener. Y me refiero al tema de estudio, pues, cosas que no hacía en mi país, que no podía hacer, no porque realmente no podía pagarlo, sino por el tiempo… (…) Si viajo al tiempo, pues, yo diría que me vendría desde pequeño, pensando en el estudio, ni siquiera pensando en lo económico obviamente porque para uno poder tener, hay que estudiar.

G. Es decir, tu consejo para ti mismo sería, "¿sabes qué?, 'vete antes' porque me hubiera querido venir mucho antes.

J. Eso es así.

G. ¿Cuál es tu recomendación para las personas que al igual que tú, tienen a su familia en su país de origen o incluso en otros lugares estando separados geográficamente, pero estando unidos de corazón?

J. Bueno, al principio realmente lo familiar es un poco fuerte. Mi recomendación es que básicamente te prepares tú, sepas lo que quieres, estudies (…) Muchas veces cometemos el error de traernos a las personas para acá sin ni siquiera nosotros estemos preparados. Pues, básicamente nos preparamos nosotros para luego poder sustentar a aquellas personas que vamos a traer. Y que, bueno, que sea un sueño; sí, pero aquí los sueños se cumplen obviamente. Y bueno, tener paciencia. La comunicación debe ser efectiva.

G. Todos los invitados coinciden en lo mismo, para yo poderme traer a mi familia, o para yo poder sacar a mi familia de mi país a donde yo estoy, tengo que estar yo fortalecido, tengo que estar yo bien soportado, para poder proveerles, para poder ayudarles para poder apoyarlos (…).

J. Sí, lo que pasa es que, muchas veces te culpan. Por eso es que, volviendo a lo anterior, tienes que vivirlo para poder creerlo porqué de repente estás fuera de tu país, ya tienes un año y lo primero que castigan con el sonido son los vecinos "tiene un año y no se ha llevado a fulano de tal ni a perencejo". (…) Debes prepararte para poder mantener a esa persona que traes ¿Cómo lo vas a traer? No vas a traerlo a pasar hambre.

G. (…) Nos dejamos también llevar por ese tipo de presiones, eso es también lo bueno de migrar, que uno puede decir, tú estás allá y yo estoy aquí.

J. Y que puede que tu tengas la suerte de que tú te preparaste en un año, ya estás fortalecido, pero y ¿qué tal si a mí me tocan cinco? Ese es el problema, no todo el mundo cae con la misma suerte y bueno, no todo el mundo lo entenderá.

ENTREVISTA CON NERIO PARRA PARA EL EPISODIO: «*DINERO*»

G. Para este episodio tengo como invitado a un carajo que tengo conociendo hace solamente 25 años, cuando estudiábamos el bachillerato en Maracaibo en el colegio Santa Mariana de Jesús. Donde nos reuníamos fuera de clases y teníamos, desde aquel momento, conversaciones sobre cómo intentaríamos impactar el mundo y hacer de este un lugar mejor. Ambos éramos (y seguimos siendo) rebeldes de oficio y contrarios de profesión. Esto hacía que pocos nos buscaran para los trabajos en grupo.

Nerio Parra actualmente es mi mentor ¿qué les puedo decir sobre lo que he aprendido de él o sobre lo que más me ha impactado? Nerio ha sido clave en mi crecimiento personal, económico y pieza clave en como hoy veo el mundo y mi transitar sobre él. De Nerio siempre me ha impactado su capacidad de análisis y reflexión.

Nerio es un emprendedor nato, solo que no lo sabía (risas) actualmente su empresa CBN se encarga del envío de remesas a Venezuela desde cualquier parte del mundo, con un volumen de más de 2300 transacciones por año. Como migrante aporta su grano de arena a la comunidad de migrantes también ofreciendo sus servicios de consultoría en el tema de inversiones a corto, mediano y largo plazo.

Ya dije de donde sois, pero; ¿dónde vivís ahorita?

N. En Buenos Aires, Argentina.

G. Culturalmente como latinoamericanos no estamos acostumbrados al rigor del ahorro (…) lo vemos como algo opcional y muchísimo menos estamos acostumbrados a la inversión en mercados o en cualquier otro tipo de instrumento. ¿Qué pensáis con respecto a esto?

N. (…) Los ahorros tienen una muy buena parte de creencias ¿a qué voy? Lamentablemente ahorrando no vas a llegar a gran cosa, el ahorro es una herramienta que te va a permitir vivir ciertas cosas (…) El ahorro definitivamente es una pieza importante. De hecho, tanto así que está el dicho ese que dice "un pequeño hueco hunde un barco" por más gigante que sea el barco (…)

Como veo yo la parte del ahorro, un primer cálculo para empezar a tomar ese tema con la gente, yo le digo, 'mira; si tu ahorras cinco dólares diarios, que son treinta veces al mes, doce meses del año, eso apenas son mil ochocientos dólares, o sea que en diez años son dieciocho mil dólares. No es tanto.' Hay gente que (depende de hacia dónde migramos cada uno de nosotros) va a decir, realmente si, dieciocho mil no me permite comprar una casa o un apartamento. Tal vez una inicial. Pero, yo lo que le digo a la gente es que hay particular en la preservación de riqueza (...) de hecho en "El Hombre Más Rico de Babilonia" se trata específicamente sobre eso. Quien tenga problemas con esa parte de ahorros o quiera mejorar esa parte, se lo recomiendo. (...) Yo le recomiendo a toda persona que como adultos (mínimo) deberíamos tener seis meses de gastos guardados y no tener deudas.

G. Vamos a crear una situación hipotética; Juana y Lucho son esposos y cada uno tiene su empleo, generan poco dinero, lo suficiente para cubrir los gastos ¿de qué manera es posible que Juana y Lucho puedan cubrir los gastos y, aparte, poder ahorrar?

N. (...) Realmente tienen dos opciones para poder ahorrar, o producen más (en primera parte) o gastan menos. ¿Qué sucede? Muchas veces en la parte económica (...) no hay un blanco y negro si no hay una escala de grises. Entonces van a haber personas que van a reflexionar (...) y van a decir "la verdad ese café de *Starbucks* todos los días no me está llevando a cumplir mis metas, realmente me lo podría ahorrar" o "esas suscripciones a diecisiete servicios que nada más uso tres, capaz me puedo ahorrar algunas" y una serie de gastos. Cada uno sabe en qué podría empezar, o empezar a reflexionar acerca el tema. Este es un tema familiar, es un tema para sentarte con tu familia, con tu pareja, es un tema para reflexionar. Y, está el otro lado, que termina siendo el lado donde todos vamos porque, la capacidad de ahorro tiene un techo. Es decir, de aquí para allá ya me convertir en un minimalista máximo, pero, la capacidad de producir, amigos míos; es infinita.

G. Vos sabéis que yo conozco mucha gente aquí (aquí en Tallahassee) que tiene una opinión de los venezolanos con respecto a eso. Dicen "pero es que a veces los venezolanos son muy tacaños" o "es que a veces lo venezolanos son muy frugales" y a veces me causa ruido (...) Muchas veces la gente no entiende que uno como venezolano (...) o como nuevo migrante, uno crea una conciencia de dinero que a veces está a un nivel quizás un poquito mayor que la mayoría de la gente. Y por eso hay muchos venezolanos que salen del país o que salieron del país hace algún tiempo y ahorita son personas de éxitos (...) ricas, personas que tienen propiedades, son personas que tienen negocios (...) La migración te crea también eso, o sea, tu ser consciente con respecto al dinero y con todos los alcances que puedes tener cuando tú puedes tener unos ahorros o puedes cortar gastos. Puedes hacer ciertas cosas como tú las dijiste, a veces no se trata nada más de ser tacaños, darse un gusto está bien. Eso no está mal pero, tratar de ser un poquito más consciente, como dices tú, si me gusta tomarme un café de *Starbucks*, chévere, te lo puedes tomar pero no te tomes uno todos los días porque eso te está generando un gasto hormiga que a la final te va a empobrecer.

N. Así es, totalmente.

G. Con respecto a las deudas (…) actualmente hay dos corrientes, por un lado, especialistas financieros (…) que dicen que hay deudas buenas y deudas malas (…) por otro lado, hay especialistas que dicen que no hay deudas buenas (…) ¿Que opináis sobre esto?

N. Sí hay las dos corrientes (…) Yo con respecto a las deudas a las personas les digo (el "combito") seis meses de gastos ahorrados y no deudas porque eso te da una libertad única (…) yo creo que la gente necesita un poco de contexto (…)

La gente realmente no sabe lo que es asumir una deuda de treinta años y el riesgo y lo delicado que puede ser. Si vas a asumir algo tan delicado como una deuda que sea por un período corto y tratar de informarte (…) yo le digo a la gente, trata de sumergirte un poco, mojar los pies primero un poco antes de asumir una deuda porque es delicado.

G. Yo en este caso sí recurro al minimalismo, yo siento que cualquier deuda es una forma de apego, así sea con una persona, así sea con una institución, genera un apego.

N. ¡*Wow*!

G. Cuando yo le debo al banco yo estoy apegado con ese banco, yo me puedo cambiar de país e igual voy a estar apegado con el banco.

N. Por eso es el tema de que hay que tomar un poco de contexto, sumergirse un poco y realmente escuchar a alguien que tenga éxito en ese tipo de temas, es decir "mira yo invertí, yo para poder tener este local asumí una deuda de seis meses." Ah bueno, es considerable, seis meses está bien (…)

El migrante, quiera o no, ha hecho el nivel uno y dos en cambios, aceptar que la vida está llena de cambios entonces hay que estar pendiente con las deudas por eso, porque la situación cambia, la política cambia.

G. Vamos entrando más a lo hondo, hablemos sobre las inversiones. Por lo complejo y lo extenso del tema vamos a puntualizar esto en Inversiones en Mercados Tradicionales, Inversiones en Mercados Alternativos y en los plazos según los objetivos de quien invierte. Ejemplo "yo tengo esta meta a corto plazo, cuento con este capital" o quien dice "mi meta a largo plazo es esta y cuento con tal capital".

N. Con el tema de la inversión (…) lo primero, yo creo que debe haber un plan, un propósito, un sentido, una meta, un norte al tema de invertir. Robert Kiyosaki dice que *"la inversión son vehículos"*, es el ABC del libro *"Guía para Invertir"* (…) él habla de que las inversiones deben ser vistas como vehículos que te llevan de un punto A a un punto B; la distancia, la temporalidad, bueno ya son otros temas más adentro, más alejados, pero primero es determinar eso ¿Qué es lo que quiero lograr yo con esta inversión? ¿Cómo lo voy a lograr? ¿Cuánto me tiene que reditar mensual? ¿Cuánto es la inversión? Todo eso. (…)

Con respecto a los mercados tradicionales yo recomiendo a la gente que estudie un poco sobre el tema del oro y la plata, los metales preciosos, miles de años que han comprobado tener valor, preservar valor y la curva de entrada, la curva de aprendiza no es tan difícil (…), no es tan difícil obtener, no es tan difícil vender en caso de que llegue a pasar algo, hay mucho material para investigar.

G. Ahorita que dijiste sobre investigar, recuerdo incluso dónde estaba y que estaba haciendo cuando escuché una nota de voz en la que me decías "nunca podéis invertir, en algo que no entendáis, o sea, siempre que vas a hacer una inversión, así sea pequeña, tiene que ser en algo que realmente entendáis porque si no lo entendéis no solamente que estáis destinado al hecho de que vas a perder porque sí, si no que vas a perder y realmente no vas a saber por qué perdiste y ni siquiera qué pasó".

N. Me hiciste viajar al momento en el que te dije eso (…) cuando se trata de educación financiera, más allá de ver inversiones tradicionales, mercados alternativos y cualquier otro tipo de inversión lo primero (de hecho, te lo voy a comentar y te vas a reír porque te vas a acordar cuando te lo dije); a mí me marcó una vez leí (…) Habían agarrado los tipos top cien con mayor cantidad de dinero (…) e hicieron un estudio de cuál era la mejor manera para invertir cien dólares. Yo con ese título me zambullí, directamente y recuerdo que todos concordaron en que la mejor inversión con cien dólares, las primeras inversiones que una persona puede hacer en su vida es en educación financiera, la mejor inversión; educarte, educarte a ti mismo. Porque cuando tú te educas te van saliendo ideas, esas ideas te van a llevar a algunas acciones, algunas de esas acciones (como la vida misma) no van a tener éxito, no van a resultar y esto, de nuevo, te va a dar contexto. Te va a permitir decir "bueno, esto en realidad no es lo mío, esto no me gusta ¡uy! Pero esto sí me gusta muchísimo" o hasta descubrir tu pasión. Ese es otro tema que no está en esta charla particular, pero, la mejor inversión más allá de cualquier distinto mercado que puedes hacer, es en ti porque eso te va a dar las herramientas.

Para hablar de los plazos habrá que ver. Es distinto, montar un local, llenarlo de inventario y que los plazos van a depender del mercado, del país, del rubro de este mercado que estás montando (…) y del volumen que invertiste (…) En la inversión, la primera meta ni siquiera se trata de ganar, se trata de ser rentable al principio (…) primero hay que entender que toma tiempo ¿saben cómo es la mejor manera que lo pueden ver? Tomen un libro de inversión que les llame la atención y van a ver que primero te hablan del modelo. Te hablan de los distintos mercados y ya solamente el libro te va a tomar uno, dos, tres meses, seis semanas, un año o dos años leerlo, entonces, eso te dice un poco sobre invertir.

G. Ahorita con el tema del Coronavirus, los mercados (todos) están teniendo declives importantes. Mucha gente en pánico, otros aprovechando ¿cuál es tu recomendación como inversionista en este panorama?

N. Bueno, este mensaje va dirigido a los que se van empezando a interesar en el tema de las inversiones y en el tema de los mercados y que empiezan a tomar seriedad y responsabilidad en el tema de sus finanzas personales y el dinero ¿por qué? Los que ya tienen experiencia, ahorita; están haciendo dinero. Y es así de crudo, es así de fuerte (…)

Para aquellos que han llegado a la madurez y a ese punto de la vida en donde deciden tomar control de sus finanzas y que están experimentando esta crisis desde ese contexto, desde ese punto de vista uno dice "bueno, pero ¿qué pude haber hecho yo al respecto? ¿Cómo me pude preparar?" porque de esta salimos, de esta vamos a salir, de eso estamos seguros, pero ¿qué puedo hacer yo para la próxima? O ¿qué puedo hacer yo para mis hijos? el primer consejo para esas personas es observar. (…) qué es lo que está sucediendo.

G. Si tuvieses la oportunidad en el tiempo al día antes que saliste de Maracaibo y poder hablar con vos mismo ¿qué consejo te darías?

N. Lo primero sería tener un poquito más de fe, a pesar de que yo siento que esta parte de mi vida ha sido maravillosa, hubo un cambio muy, muy grande en mi vida. Este episodio desde que emigré de Venezuela ha sido maravilloso para mí, pero, inclusive así me diría ten un poco más de fe. Porque yo empecé trabajando en un quiosco, es decir, en el exterior mi primer trabajo fue en un quiosco vendiendo dulces, caramelos, cosas así para empezar ¿a qué? Al primer consejo que di, que son esos seis meses de gastos y sin deudas bueno, por allá más o menos yo lo fui leyendo y fue una de las primeras metas, no tener deudas y tener esos seis meses de gastos, entonces, necesité un poco más de fe porqué me sentía atribulado (…) todos los que han emigrado saben que al principio necesitamos un poquito más de fe y la vas a necesitar en el camino, te va a ayudar mucho.

Lo otro sería controlar un poco más los gastos (…) al experimentar ese desborde de posibilidades en otros países, literalmente está todo hecho y solamente tenemos que pagar para obtenerlo, en el caso de los que están en Estados Unidos. *Amazon* nos lleva todo a la puerta de la casa, piensa antes de nosotros lo que necesitamos y en otros países, en Europa también. Entonces viene ese desborde y a veces es un desespero porque está todo disponible.

G. De verdad te quiero agradecer por haber aceptado la invitación. El dinero pues en un eje transversal en la vida de cualquier migrante y de cualquier persona. El problema no es solo cuando nos falta. Hay personas que lo tienen y por mala administración también caen en un hueco financiero e incluso lo convierten en un ciclo. Para el migrante el dinero puede dibujar una línea entre seguir y tener que regresar.

N. El consejo máximo es el tema de planear, de hecho, lo dividiría en tres partes; debe haber un plan, es decir ¿dónde estoy? ¿A dónde quiero llegar? ¿Cómo lo voy a conseguir? Algunos lo llaman estrategias. Consejo con todo mi corazón; colóquenle plazo, colóquenles un plazo a esos planes. Si el plan o la meta no tienen plazo amigos míos, vamos a fallar, porque la vida nos distrae mucho y como también lo dijimos en este episodio, la vida está llena de cambios.

ENTREVISTA CON EDGAR GAMEZ PARA EL EPISODIO *«TRABAJO O EMPRENDIMIENTO»*

G. Para tratar este tema no tuve que pensar mucho a quien invitar. Soy afortunado por conocer a muchos migrantes que pasaron tanto por lo que es trabajar como lo que es emprender. De los que conozco aceptó mi invitación uno de los emprendedores más proactivos y joven que conozco, Edgar Gámez. Emprendedor mexicano a quien tuve la oportunidad de conocer a inicios del año pasado cuando estaba a punto de abrir su restaurant *María María* aquí en Tallahassee. De alguna u otra forma la vida quiso que Edgar estuviese en mi vida y en la de mi familia y fue por algo. De Edgar me impactó, aparte de su juventud, su ser metódico (algo con lo que me siento muy identificado) pero que es raro ver en personas jóvenes. Y me llamó mucho la atención la intención con la que lleva sus proyectos. No es solo motivado por el dinero, la idea es siempre intentar ir más allá con nuestro arte…

G. ¿De dónde eres?

E. Yo soy de México; Michoacán. Ahí fue donde nací, y vine a los Estados Unidos a los 5 o 6 años, mis padres me trajeron.

G. ¿Cuánto tiempo tienes viviendo aquí en los Estados Unidos?

E. Tengo 28 años, entonces, aproximadamente tengo 22 años viviendo en los Estados Unidos.

G. Edgar, aquí en Estados Unidos has tenido varias experiencias como empleado y como emprendedor. De hecho, me llama mucho la atención el que en tu familia, tus hermanos también han pasado por ese proceso. ¿Qué nos puedes decir tanto del lado de ser migrante y empleado y del lado de ser migrante y emprendedor?

E. Es difícil, yo vengo de una familia donde la educación no era tan importante para mis padres. Yo crecí con la mentalidad de ser un empleado, aunque en México mi padre tenía su propio negocio, yo aquí en Estados Unidos nunca me imaginé que iba a tener mi propio negocio, o emprender algo yo mismo. Mi experiencia como trabajador ha sido O. K. por la manera que yo miro las cosas, la manera que yo trato de mantenerme positivo porque sea el dinero que uno gane, haga las cosas que uno haga uno tiene que sobrevivir. Uno va a tener que trabajar, hacer trabajos sucios, cosas que uno no quiere, y desafortunadamente es así. Ahora, tienes dos opciones: Puedes mirarla negativamente y ser infeliz o puedes ser un poco más positivo y tratar de ser positivo, aceptar lo que viene y tener una mejor experiencia y una mejor vida.

Mi experiencia como trabajador no ha sido terrible; por eso, por la manera en la que yo miro las cosas, pero se topa uno un poco de todo cuando uno es empleado, te topas con gente mala, con gente buena, con gente que te quiere ayudar, con gente que te quiere robar, como empleado he vivido un poquito de todo eso, ha sido un poco difícil.

Como emprendedor, no hay nada más bonito que crear algo desde cero. Te da un sentimiento muy bonito cuando tú trabajas duro y creas algo y especialmente cuando tú sabes las noches que no has dormido, las noches que han sido largas, los días que has trabajado horas y horas. Es un sentimiento muy bonito. Mi objetivo con lo que yo hago no es hacerme millonario. Claro, si ese es un efecto de lo que hago pues ¡qué bonito! Pero mi objetivo con lo que hago, más que nada es ayudar a la gente. Tocar la vida de la gente y ser un buen líder más que nada. Yo no quiero ser un *boss*, yo no quiero ser el empleador, no; yo quiero ser un líder. Mi objetivo es aprender, reconocer mis errores, escuchar a la gente, los consejos y todo.

G. Y trascender en tu arte (…) Yo tenía la intención de grabar este episodio contigo aquí en el restaurant y es impresionante como cuando hablas del emprendimiento tú miras a tu alrededor (tu restaurant) y te brillan los ojos (…).

E. Porqué todo fue una decisión, lo más simple, lo más chico, lo más grande, lo más barato, lo más caro. Todo fue una decisión, estar aquí es estar alrededor de mil decisiones y todas estas decisiones que tomé durante el proceso fueron un ingrediente de la receta para lo que estamos haciendo, que vaya a ser algo grande no sabemos todavía, pero estamos en el proceso. Todo esto fue una decisión y espero que hayan sido decisiones buenas, porque (…) yo creo en las cosas positivas se agregan y lo negativo se agrega. Espero que todas las decisiones que tomé aquí con la ayuda de mucha más gente hayan sido decisiones positivas, por eso es por lo que miro aquí y estoy aquí y para mí esto es amor, esto es hermoso.

G. Y es que las decisiones que tomas, puede que en lo económico se traduzcan en bien o mal pero siempre en el aprendizaje se van a resumir de manera positiva, porque incluso hasta los errores que cometemos en las experiencias nos suman.

Me gustó que mencionaste lo de los trabajos sucios (…) Como migrantes es difícil nosotros poder dedicarnos fuera de nuestro país en un trabajo que sea nuestra vocación. Pero siempre lo más fácil, de repente es difícil, pero a la vez lo más fácil es buscar, aunque sea una cosa que me guste de ese trabajo para darle ese enfoque positivo y pensar, no en lo que estoy haciendo ahorita, sino pensar en lo que puedo llegar a ser gracias a ese trabajo.

(…) Me imagino que en parte también lo dices por tu experiencia como trabajador y como migrante porque sea lo que sea, a pesar de que estás aquí desde niño, eso no te exenta de ser migrante.

E. No fue fácil. Los primeros años fueron difíciles, no quería ir a la escuela, no tenía amigos. La vida te cambia por completo. Tienes a tu gente en México, tus amigos, tus familiares. Vienes a un lugar extraño donde la comida es extraña, la lengua es extraña, tus culturas son extrañas para donde estás. Fue difícil, no fue fácil; no sé cómo llegué aquí.

G. ¿Cuántos proyectos de emprendimiento has tenido (pensado) y cuántos has podido llevar a cabo?

E. Hasta ahorita son dos proyectos, dos emprendimientos los que tengo. Tengo un negocio de limpieza que empecé cuando estaba en *College*, ese fue en el 2014 cuando lo empecé. Lo empecé cuando estaba trabajando como empleado en un restaurante y yo era gerente. Ahí fue donde miré como es que trabajar para otra gente no te va a llevar realmente a donde tú quieres porque los dueños se van a querer quedar como dueños. No van a querer necesariamente compartir porque, claro, eso es algo que ya construyeron ellos. Yo miré que con el trabajo donde estaba hasta ahí llegué. Yo platiqué con un amigo con el cual trabajaba y él ya estaba operando en limpieza con su esposa y él vio que yo tenía ganas de salir adelante. Él vio que yo era un poco listo yo, y entonces dijo "Edgar, por qué no me ayudas a hacer lo que yo hago y hacerlo un negocio". Yo le dije que "hay que entrarle, yo me lanzo." entonces me lancé y lo bonito del negocio de la limpieza es que requiere muy poca inversión. Yo tenía muy poco. Me atrevo a decir que casi nada, entonces fue fácil decir "ok, ya tienes una aspiradora, ya tienes los líquidos ¿cómo te puedo ayudar?" entonces fue que yo entré allí con lo de la limpieza y le ayude con lo de la oficina, las factura, enviar presupuestos, hablar con la gente, básicamente ser una cara para el negocio para vender nuestros servicios y ahí fue donde aprendí mucho de negocio. También aprendí con un mentor que yo tenía de años atrás, él también me enseñó mucho del negocio.

Y pues ahora (…) *María María*, un restaurante que es un homenaje a mi familia, a mi madre, a mi abuela. Esto fue una visión, porque yo he viajado un poco aquí en los Estados Unidos, he visitado varios estados y se mira la comida mexicana que venden los restaurantes. Entonces, yo conozco lo sabores de mi madre, lo que ella cocina, entonces yo siempre dije "Mamá, nuestra comida es mucho mejor que la comida mexicana que venden en restaurantes, nosotros la podemos hacer, podemos vender nuestra comida". Entonces fue de ahí donde yo quise hacer esto, y las recetas y todo viene de familia, de primos, de tías, de mis abuelos, de mi abuela, de mi madre, de mi hermana entonces todo viene por ellos y de ellos.

G. ¡Qué rico! Esos son los dos proyectos que has podido llevar a cabo, aparte de eso ¿Cuántos proyectos has pensado? Sé sincero.

E. *Oh man!* Si puedo contar todos los proyectos (…) yo diría que a lo mejor unos 15.

G. Imagínate, de esos quince, dos has llevado a cabo.

E. Dos he llevado a cabo.

G. Ya es algo. Y tomando en cuenta que el primer proyecto, el de limpieza (según lo que te entendí) estabas en el *College* y aparte de eso estabas trabajando en el restaurant… Definitivamente; respetable.

E. Todo se puede, ahora que trabajo las horas que trabajo aquí en el restaurante y tengo amigos que me dicen "pero es que no tengo tiempo" ahora me río. Me gusta escuchar mucho Podcast y me gusta escuchar a gente, que es más lista que yo, hablar, porque es de ahí donde aprendo. Yo siempre escuchaba a la gente decir "Tienes tiempo, nomás que no sabes usarlo" y yo siempre decía "pero es que estoy ocupado, pero es que estoy ocupado" realmente no; AHORA estoy ocupado. Hay tiempo para todo y para la gente que quiere se puede.

G. Fíjate que mencionaste algo clave, es muy de la cultura estadounidense, la cultura americana y lo mencionaste en nada; la figura del Mentor. En nuestros países la figura del mentor no es algo tan conocido, pero es algo que es clave. O sea, un mentor es la persona a la que uno admira o la que uno quiere ser "cuando sea grande" (…) que es lo que hago yo con esa persona, esa persona me aconseja, esa persona me da todas las pautas para yo poder crecer y ser como él. Háblanos más o menos de lo que es un mentor para ti.

E. Para mí un mentor, aparte de ser lo que es un amigo, es un maestro. Alguien que está dispuesto a compartir su sabiduría, sus experiencias, sus caídas, sus éxitos, alguien que está dispuesto a compartir todo eso contigo. Eso es lo que es para mí es un mentor y eso viene de alguien que ya ha cometió errores, que ya se cayó.

No necesariamente tiene que ser alguien que te toma bajos su brazo y te dice "te voy a enseñar algo". Para mí un mentor es alguien con el cual yo me topo en la calle ¿cómo es que yo tomo las cosas positivas de esta persona? Yo nomás interactúo, me pongo a descifrar las cosas que son buenas de esta persona y eso tomo eso bueno y eso me ayuda.

G. O sea, tú vas desde el aspecto que el mentor no tiene que ser específicamente una persona. Cualquier persona que te topes en la calle que te inspire o que te enseñe algo puede valer como mentor.

E. Correcto (…) tengo mil mentores que ni siquiera saben que son mis mentores.

G. A mí me llama mucho la atención el ver casos de personas como tú, que comenzaron como mesoneros, cocineros, en este caso tú fuiste gerente de un restaurant.

E. Bueno, empecé como *Busboy*; son los que levantan los chips, limpian las mesas. También fui mesero, fui *Bartender* y después subí y me hice *Manager* (gerente). Cuando eso ya me pareció mucho, me salí de ser gerente y mejor fui de regreso a ser mesero. Eso me brindó un poco más de felicidad y me dio el tiempo para poder hacer el negocio de la limpieza.

G. ¿Qué *seteo* mental necesita una persona para convertirse de Empleado a Emprendedor?

E. Yo diría que más que nada es mantener la mentalidad positiva, tener la mentalidad de que todo se puede. Ahora, esa mentalidad no te va a llevar a ningún lugar si no vas a la acción. Entonces, el próximo paso es la acción: No tener miedo. Yo conozco gente que quiere hacer cosas, quiere llegar a tales lugares en la vida, quiere crear cosas pero se topan porqué se preguntan mil preguntas y se ponen a pensar en el problema que todavía ni siquiera saben si va a existir o no va a existir, entonces, es básicamente aventarte con los ojos cerrados porqué nunca vas a encontrar todas las respuestas para el negocio que quieres hacer, nunca vas a poder encontrar los obstáculos que todavía no han pasado porqué todo negocio y toda situación va a ser diferente, nomás entender; vas a tener obstáculos, van a ser difíciles y hay que resolverlos.

G. Si tuvieses la oportunidad de viajar en el tiempo a un día antes que saliste de tu país ¿Qué consejo te darías a ti mismo? En este caso como saliste siendo niño te pregunto ¿qué consejo le darías a tus papás?

E. Empújenme, Empújenme.

Toda situación es diferente, mi situación es diferente a los miles de millones de demás personas, pero en mi situación, mi padre él fue nomás al sexto grado, mi madre nomás llegó como al tercer grado. Entonces, debido a eso, cuando llegamos aquí a Estados Unidos, ellos no me empujaban, ellos no revisaban mis tareas porque no podían; no hablaban inglés, no tenían cómo. No podían chequear mis grados, no podían estar sobre mí empujándome en eso.

(,,,) Agarraba puras A y B. Fui un estudiante excelente pero pude ser aún mejor pero no había nadie quien me empujara. Entonces, yo era bueno nomás porqué yo quería ser bueno en mi escuela pero no fui excelente porque nadie me empujó y porque no tenía el ejemplo de mis demás familiares (...) Todo lo hice basado en intuición porqué siempre me dije a mi mismo "mi educación un día va a ser importante". (...) Si pudiera ir atrás y darles un consejo a mis padres yo les diría "por favor empújenme un poco más".

G. ¿Qué consejo le darías a los migrantes que quieren emprender fuera de sus países y no saben cómo ni por dónde empezar?

E. Hagan preguntas. A la gente a veces le da miedo preguntar. A veces les da vergüenza porque la gente no quiere que la demás gente sepa que no saben. Somos humanos y queremos tener un exterior fuerte, queremos enseñarle a la gente que podemos, que sabemos todo, pero, la mejor receta para la gente es: entiende que no lo sabes todo, entiende que tienes mil cosas por aprender, entonces, haz preguntas. Y cuando te topes con una persona que te quiere ayudar o que esté dispuesto a responder tus preguntas; tómate el tiempo para estar cerca de esas personas. No tengas gente negativa en tus alrededores, gente que no te va a querer responder o ayudar o dirigirte en la manera correcta. Es nomás, hacer preguntas y ten gente positiva en tus alrededores.

G. A veces, es gente que quiere que no te vaya bien, o que te vaya bien pero que no te vaya mejor que como les va a ellos.

E. Correcto.

G. Yo siento también que es clave las personas con las que estamos rodeados. En mi país dicen "el que anda con cojos, al año cojea". Si nos juntamos con gente de éxito ¿adivinen qué va a pasar? Con el paso del tiempo nos vamos a convertir nosotros en personas de éxito. Si estamos con personas que na' más van "el ocho a cinco", no dan más nada, van a sus trabajos por ir, por cumplir, simplemente por un sueldo, nos vamos a convertir en eso.

ENTREVISTA CON PAMELA CELEDÓN PARA EL EPISODIO «*MIGRAR LUEGO DE HABER MIGRADO*»

G. En este episodio quiero hablar sobre una situación por la que muchos hemos pasado. Salimos de nuestros países hacia nuevos lugares, nuevas culturas, nuevo todo y en aquel lugar, por una u otra razón, no conseguimos lo que salimos buscando o peor aún; conseguimos algo que definitivamente no buscábamos y toca entonces replantear objetivos, ajustar nuestras miras y migrar nuevamente.

Hay personas a quienes esto les cuesta más que otros, todo parte del *Desapego*, a las cosas y a los lugares. Y es que si salimos una vez a empezar de cero en otro lugar y no nos sentimos llenos sea por la razón que sea ¿qué nos detiene a seguir esa búsqueda?

Esta semana tengo el honor de compartir este episodio con una persona que actualmente hace una labor loable desde Santiago de Chile. Pamela Celedón con su cuenta @abogadaenchile. Sirve de guía para la comunidad de migrantes hispanos en Chile donde publica guías prácticas y artículos que ayudan a todos los migrantes a conocer sus derechos en ese país. A Pamela la vengo siguiendo desde noviembre de 2019 y es de esas cuentas que realmente agregan valor a cualquier *feed* de Instagram. Incluso así no seas migrante en Chile, llena ver cómo hay personas que se dedican a recodarnos que aun siendo migrantes tenemos derechos, lo que motiva a cualquiera a sentarse a leer sobre los derechos de cada uno según el país donde reside. De Pamela me impactó su dedicación y su empeño en hacer un trabajo de calidad solo por el gusto a su profesión y para ayudar a muchos con el fin de que no pasen por los trances que ella pasó.

Dra. Pamela, bienvenida; ¿cómo está hoy?

P. ¡Hola Gustavo! Muchas gracias por la invitación y por esa introducción tan bonita. No sabía que me seguía de tanto tiempo. "AbogadaEnChile" fue una iniciativa que comenzó cuando comencé mi proceso de reválida porque fui docente muchos años y al llegar acá, en mi segunda migración me conseguí a muchos estudiantes. Bueno; colegas exalumnos, yo los llamo estudiantes pero ya no son estudiantes son abogados también y me preguntaban siempre en la calle "profe ¿usted va a revalidar?" "profe cuéntenos cuando vaya a revalidar ¿qué va a hacer?" entonces un día estaba yo buscando trabajo, bueno, recién llegada, tú sabes. En eso que está un reeditándose, replanificándose, reprogramándose y ella me dice: "tú deberías hacer un Instagram donde le vayas contando a tus exalumnos lo que vas haciendo con lo de la reválida.

(Ese día fui yo a preguntar en la universidad de Chile, a averiguar todo el proceso) porque siempre te van a preguntar. O sea, ellos siempre te van a escribir a WhatsApp. Siempre te van a tratar de contactar. Entonces es mejor que tú les hagas como una fuente oficial para que ellos vayan viendo lo que tú vas aprendiendo. Y le deberías poner "AbogadaEnChile" porque al terminar la reválida ¿qué vas a ser? Abogada en Chile". (…) Me habían dado ese día como un folleto en la universidad de Chile, yo lo estaba como leyendo. Bueno publico el folleto que me dan ellos.

Para todo yo hago un flujograma (…) y así desde la carrera. Entonces le digo a mi hermana "¡ay! Voy a poner un flujograma en el Instagram" y yo empiezo a seguir a mis amigos personales y me ha empezado todo el mundo a seguir. Mira, en cuestión de días tenía muchísimos seguidores porque un alumno le contaba a otro alumno y me empezaban a seguir y a seguir de todo lo que yo iba colocando y me empezaron a hacer preguntas. Terminó siendo una iniciativa en la que la gente me empezó a preguntar cosas como "¿qué visa pediste tú?" y entonces empecé a publicar noticias y bueno, como yo venía ya de una segunda migración; esa experiencia tiene que servir de algo, o sea, lo que yo viví, lo que yo vi (…) Porque bueno, la gente, cuando yo llegué era "¿pero por qué tú te viniste de Europa? ¡Tú eres loca! ¿Cómo es posible?"(…)

Entonces evidentemente yo decía, yo quiero contar lo que viví previo porque migrar dos veces es lo mismo. Es volver (…) Yo empecé también a tratar de narrar mi experiencia en España y la página se fue poniendo interesante y de verdad que me fue obligando a estudiar un área del derecho que jamás pensé estudiar como el derecho de extranjería y migración porque es derecho administrativo y no es un área del derecho que me gustara. Y cuando me vi ya tenía muchos seguidores. (…) Fui haciendo un aprendizaje empírico. Voy a empezar un diplomado este mes de migración para formalizar el estudio empírico que he venido haciendo a través de la página.

G. Le pregunto Dra. ¿De dónde es?

P. Maracaibo.

G. Con orgullo venga, otra vez ¿de dónde?

P. ¡De Maracaibo!

G. ¿Cuánto tiempo tiene fuera de Venezuela?

P. Cinco años.

G. Cinco años, ok. Vamos a hablar un poquito de esos cinco años. Cuéntanos un poquito sobre tu primer proceso de migración Pamela.

P. Ok. Mi primer proceso de migración está ligado a mi primer viaje fuera de Venezuela que fue en el año 2013. Yo fui a visitar a mi mejor amiga que migró en el 2011 a España y ella siempre venía todos los años a Venezuela y me decía "Tú deberías migrar, deberías plantearte salir de Venezuela, porque tú tienes un nivel formativo alto" (…) Entonces yo hago ese primer viaje fuera de Venezuela (…) y ella me empieza a decir "deberías quedarte, deberías probar". Yo todavía me considero una persona muy miedosa (…) el carácter fuerte que tengo ahora lo aguerrida o lo fuerte viene de toda la experiencia migratoria, me dejó eso.

Yo al final dije "No. Porque estoy haciendo un doctorado. Lo quiero terminar" porque yo cuando empiezo algo lo termino. Yo soy una persona que si empiezo algo lo voy a terminar. Mi mamá siempre me decía eso "si tú vas a empezar algo; termínalo. Las cosas se hacen bien o no se hacen". Y yo soy así.

G Le pregunto ¿Qué pasó en España que hizo que decidiera que lo mejor era definitivamente irse a otro lugar?

P. Cuando yo llego allá, yo llego tres meses de turista y luego estaba ilegal. La persona con la que yo estaba bueno me decía que nos casáramos que él me iba a ayudar, después no quiso. La relación fue un fracaso y claro, yo ahí me veo ilegal, al estar ilegal la única forma que tienes para arreglar tu estatus legal es o casándote o pidiendo asilo político. (…) Pensé devolverme a Venezuela y pedir una visa de estudiante porque, ya estando allá, no la puedes pedir (ni la de trabajo).

En ese momento ya los ahorros mermaban y un amigo me dice "¿tú no te has planteado el asilo político? Porque Venezuela es un país con una situación política compleja (…)"

Se me plantea trabajar para cuidar a una persona mayor. No me fue bien porque yo en mi casa no sabía ni prender la lavadora, no sabía barrer (a los treinta tres años) no sabía hacer nada, no sabía hacer ni un arroz. A mí me enseñó a hacer arroz mi mamá tres días antes de salir a España. Yo me dediqué a estudiar y no a otra cosa. En España aprendí, ahora hago arroz tranquila, hago pollo, hago todo.

Yo tengo una amiga allá que tiene una guardería y yo la ayudaba y vivía con ella pero ¡ajá!, eso económicamente no generaba ingreso. No gastaba pero no generaba ingreso. Yo también quería comprarme mis cosas, como todos. Ella es psicóloga (ella fue mi mentora) la cuestión es que ella me dice ¿por qué no buscas un trabajo? (…) Trabajé en una lavandería (irónicamente) yo siempre me río de eso ahora. En la época no, lloraba mucho porque yo decía "Dios mío yo, con un doctorado y estoy en una lavandería". Pedí el asilo, con el asilo me dieron ayuda social, viví con seis personas africanas, una chica de Ucrania que después nos hicimos mejores amigas (…) Cuidé a una persona con Alzheimer un año pero yo sentía que tenía un vacío. Yo decía tanto estudiar o sea, yo dediqué casi diez años de mi vida a puro estudiar (…) todos esos estudios los estoy perdiendo y entonces me deprimía y buscaba trabajo y no me daban trabajo (ni en Zara). La gente de la ONG, que se llama ACCEM, que es una asociación cristiana, me brindó la ayuda legal un año y medio, todo lo que era jurídico, psicólogo. Tuve allí cursos de formación, de hecho hice de formación para cuidado de personas dependientes seis meses y trabajé (como la pasantía) fue en un sitio de niños con síndrome de Down. Me fue espectacular, fue una experiencia muy bonita también.

En ese momento mi hermana se viene a Chile (…) le empezó a ir bien acá y ella me empieza a decir "hermana tú deberías venirte a Chile porqué en Chile hay muchas universidades y yo veo que siempre están buscando gente" (mi hermana siempre está en LinkedIn y ella me dice) "yo veo puro anuncios profesores y doctores y tú eres doctora y yo creo que aquí no hay doctores (…)" entonces me empiezo a plantear porque ese programa social terminaba al año y medio. Le digo a mi hermana "bueno, hagamos lo siguiente; dame unos meses de buscar yo empleo, si yo veo que sigo mal" (porque tenía dinero ahorrado) "Cuando vea que el dinero no me da, me voy a Chile". Con todo, o sea, Dios mío, yo me sentía… Fracasé otra vez, cómo es posible, volver a migrar (…) vender otra vez mi cosas, regalar, meter todo en la famosa maleta de los veintiún kilos (bendita maleta). Dios mío, otra vez despedirme de mis amigos, otra vez volver a estar sin amigos (porque yo soy muy "amiguera") pero era terrible. Lloraba todos los días, decía "no puedo creer que fracasé en una migración y que tenga que hacer otra". Entonces empiezo a consultar con todos mis amigos allá "aja, tú ¿qué opinas?" "¿tú qué opinas?" porqué yo me sentía estancada, de todos los trabajos me botaban, o sea, no sé vender, no sé trabajar en una casa, no quería volver a cuidar a un anciano.

Se viene a Chile mi mamá y ella me dice "hija, vendí la casa y yo te compro el pasaje pa' Chile porque tú en España…

G. No estás siendo feliz, claro.

P. Y bueno, pero muy deprimida. Eso fue el año 2017, yo creo que yo ese año yo estuve deprimida todo ese año y empecé a regalar otra vez cosas. Tanto la primera vez como la segunda regalé libros, ropa ¿Me entiendes? Claro, la segunda cuesta menos. Pero en las dos cuesta. Si supieras que a mí lo que más me dolió fue vender mi carro. Porque lo sentía así, como que mi carro era mi libertad.

G. Sí claro, te entiendo. Y aparte que es muy de venezolanos. Nosotros los venezolanos somos muy apegados con nuestros carros porque es casi parte de la familia. Siempre en cualquier cuento de venezolanos siempre incluye un carro, fijo.

P. Yo vendí uno y el otro le quedó a mi papá y él me habla de ese auto y yo como que me acuerdo de las historias que hubo en el auto...

G. ¿Qué fue lo más difícil de migrar luego de haber migrado?

P. El miedo. Yo llegué a Chile deprimida, asustada. Yo pasé cinco meses que lo que hacía era llorar todos los días. Sentía que mi proyecto de vida había fracasado porque yo me veía en España hasta vieja. Y fue muy duro emocionalmente, yo caí en una depresión muy fuerte los cinco primeros meses, jamás pensé que la vida me tenía deparado lo que me tenía deparado que era volver a dar clases en una universidad.

G. ¡Buenísimo!

P. Totalmente. Doy gracias a Dios porque hoy día digo "La decisión fue la correcta". Pero en su momento yo temía a equivocarme, yo estar cometiendo el error de mi vida.

G. Claro, porque yo siento que te sentiste muy comprometida con la decisión de irte a vivir a España.

P. Porque fue una decisión muy mía, muy propia, o sea, se me ocurrió a mí, fue un plan muy mío. Como cuando tú decides estudiar tu carrera universitaria, o casarte. Son decisiones de uno, yo sentía que me estaba como divorciando, una cosa así.

G. Sí claro, te entiendo. Y un segundo divorcio porque ya saliste de Venezuela y pues otra vez salir de otra vez uno siente ese rompimiento.

P. Sí, bueno. Irme de Venezuela también fue doloroso, yo recuerdo mis primeros meses en España fueron muy dolorosos. Y verme trabajando limpiando casas, yo decía "Dios mío, cómo es posible; yo, o sea, que me vea un alumno aquí" (…) "cómo me va a ver un alumno a mí en esto ¡qué dolor!"

G. Qué fuerte.

P. Cuando ellos están tristes porque ellos hablan de que en Chile hay mucha discriminación, pero en España hay más.

G. Hablando un poquito de eso de la discriminación, según tu perspectiva ¿por qué consideras importante que todo migrante conozca sus derechos (y obviamente también sus deberes) en cualquier país en el residan cuando en muchos casos no conocían sus derechos y sus deberes ni siquiera en sus propios países?

P. Importante, muy buena esa pregunta. Porque «*un ciudadano informado jamás será avasallado*». Parece un refrán de la edad media, pero es verdad. Fíjate yo, si hubiese sabido antes de llegar a España cómo eran las leyes españolas yo me hubiese ido con una visa lista. Y pasa por ejemplo acá en Chile (actualmente yo lo veo) que las personas creen que no pueden revalidar sus títulos. O sea, se crean mitos urbanos que hacen ver la migración más difícil de lo que es, porque la migración es difícil, pero si tú manejas información es un poquito más fácil. En tu país no, tú estás en tu casa y en tu casa tú siempre tienes el juego a favor, pero cuando eres extranjero ya tienes una situación que es compleja y conocer tus derechos ayuda mucho. (…)

G. Dijiste algo clave que me gustó mucho, cómo el conocimiento hace que la migración sea menos dura y quisiera que habláramos un poquito de eso porque la migración, como bien lo dijiste, toda migración es difícil, todo proceso migratorio. Hay unos que son menos complicados, pero no deja de haber una ruptura, no deja de haber un divorcio como lo dijiste ahorita. Pero, cuando uno va (primero) claro a lo que va, como también lo tocaste, dijiste claramente "yo me fui sin un plan". Entonces, cuando no está claro a lo que va y aparte de eso desconoces a dónde vas, las reglas que lo rigen, la cosa se hace bastante más complicada.

P. Súper cuesta arriba.

G. Si tuvieses la oportunidad de viajar en el tiempo al día antes que saliste de Venezuela y poder darte un consejo a ti misma ¿Qué te dirías?

P. Me diría: "lee más de España, aprende de su economía, de su historia y de su proceso sociológico". Cuando uno conoce la historia, la economía del país, primero puedes hablar más con las personas del país. Por ejemplo, mientras trabajaba cuidando a la persona mayor me puse a leer de toda la monarquía española lo cual fue muy culturizante para mí y ahora es un tema apasionante (...).

G. Eres la primera invitada a la que le hago esta pregunta dos veces porque -obviamente- migraste dos veces. Entonces ahora te pregunto, si tuvieses la oportunidad de viajar en el tiempo, al día antes que saliste de España y poder darte un consejo a ti misma ¿Qué te dirías?

P. "Chile es un gran país, te va a ir bien. No temas." Esas palabras me las diría. Porque ¿cuál es la diferencia entre España y Chile? Te voy a decir cuál es la que (en el tiempo) yo analicé; España tiene muchos doctores, Chile no. (…) Yo aquí soy una "niña prodigio" casi.

G. Dra., de verdad le agradezco muchísimo que haya aceptado la invitación a participar en este episodio y compartir tus vivencias, agradezco nuevamente y de manera pública la labor que haces con tu cuenta de Instagram, recomendada cien por ciento @abogadaenchile.

ENTREVISTA CON GILBERTO DIBELLA Y ROSALBA BETANCOURTH EN EL PODCAST PARA EL EPISODIO *«¿ANTES POR QUÉ MIGRÁBAMOS?»*

G. Hoy quiero abarcar un poquito de historia. A veces es necesario recordar el pasado para entender el presente y poder tener cierta idea de lo que vendrá a futuro. Todos los episodios que he grabado hasta hoy para mí son importantes, he tenido invitados que para mí han sido especiales y quienes han aportado muchísimo a este proyecto. Hoy tengo la dicha de poder interactuar con dos personas que luego de haber migrado a Venezuela donde apostaron todo por una nueva vida y en donde encontraron una segunda casa en 2010, tuvieron que salir por toda la situación que comenzaba a pegar de manera cada vez más cruda.

Don Gilberto Dibella y Doña Rosalba Betancourth son migrantes de la vieja escuela y hace poco les tocó asumir de nuevo el reto de migrar y de renacer en otro país.

De Don Gilberto siempre me ha llamado la atención su visión y su buen humor y de Doña Rosalba siempre me admiró el que nunca perdiera su identidad por muchos años que llevara viviendo en Venezuela.

Don Gil, mamá Rosalba, qué gusto tenerlos en este espacio que es de ustedes, migrantes como ustedes son quienes hacen posible que esta iniciativa exista ¿cómo están hoy?

Rosalba. ¡Hola Gustavo! Yo soy colombiana nacida en la Dorada Caldas.

Gil. ¡Hola Gustavo! ¿Cómo está? Yo soy Gilberto nacido en Italia, Roma.

G. Qué bueno, me alegra mucho saber que están bien. Se me adelantaron a una de las preguntas que era saber de dónde era cada uno pero buenísimo, eso significa que estamos en sintonía.

Uno de Italia otra de Colombia, les pregunto ¿Cuánto tiempo estuvieron viviendo en Venezuela?

Rosalba. En Venezuela yo viví treinta dos años

Gil. Yo viví cincuenta y cuatro en Venezuela.

Gus. Imagínense ustedes treinta y dos años y cincuenta y cuatro años.

¿Antes por qué migrábamos? Les pregunto ¿Qué les motivó a salir de sus países de origen y apostar por Venezuela y específicamente por Maracaibo?

Rosalba. Yo emigré porque pues, aquí (en Colombia) las condiciones del trabajador eran muy fuertes en el sentido del asedio a las mujeres y eso, entonces no podía perdurar en un trabajo porque siempre estaba el acoso que llamamos ahora, el acoso sexual y eso. Entonces por eso me fui más que todo y me quedé en Maracaibo porque ahí conseguí mi forma de vida. Ahí me levanté, trabajé, formé mi hogar, mi hija y me gustó Maracaibo, su gente, su calor. Todo, todo lo de Maracaibo, amo Maracaibo.

G. ¡Qué hermoso! ¡qué hermoso¡

Gil. Gustavo, salí de Italia con destino ir a Nueva York, a América. Creyendo que el barco iba a América, cuando llegué a la Guaira vi toda esta cosa "¿esto qué es? ¿Estados Unidos?" No, es américa del sur. ¡Qué equivocación! Imagínese, quería regresarme. Fui a la agencia para buscar la cuestión (el boleto) para ir a Estados Unidos bueno. De todas maneras, pregunté ¿dónde está aquí el petróleo? "En Maracaibo". Como estuve en Arabia y en África, estuve en el sur de Arabia trabajando, ahí aprendí a ser soldador. Entonces quise ir a Venezuela. Imagínate, en los campos petroleros. Ahí empecé a trabajar. Estuve como quince años trabajando con las petroleras.

Esa fue la cuestión de migrar porque en Italia después de la guerra ¿qué había? Desastre. Del África me fui a Italia y en Italia estuve un año y emigré otra vez para América.

Gus. Le pregunto Don Gil, ese tiempo que estuvo en África, yo por ahí tengo una antesala de esa historia y quería saber si la quería compartir con nosotros. De cómo fue ese transitar, de hecho, ese trance de lo que fue su vida en el transcurso de su migración a África.

Gil. Era en el tiempo del fascismo, entonces, mi papá y mi abuelo se fueron a África y después de unos cuantos años me mandó a llamar mi mamá. Éramos cinco hermanos, los dos primeros quedaron en Italia con los abuelos, los tres restantes, yo, otra hermana y otro hermano y mi mamá salimos en barco hacia África (…) ahí la travesía duró como trece o catorce días en barco.

Tenía siete años cuando nos mudamos a África, cuando tenía la edad de diecisiete años me fui a Arabia Saudita. Tuve que tener permiso de mi papá y de la familia para poder viajar. Ahí pasé como cinco años.

Cuando terminó la guerra de los ingleses que ocuparon Eritrea ahí, entonces a todos nosotros buscaban mandarnos a los campos de concentración en

Kenia. Entonces, mi papá en uno de los autos de él le puso un auto-cisterna encima, preparó ese camión, un viaje para ir a Eritrea. Quedamos dos hermanos porqué uno murió en Adis Abeba, entonces estaban las dos niñas (una recién nacida de quince días, la otra tenía un año y medio o dos años) y yo que tenía 15 años, todos metidos dentro de la "bota" (cisterna).

Cuando nos bajamos, nos caíamos, porque, estar encerrados como siete u ocho días (…) mira, el suplicio que pasamos… La pobre niña recién nacida se estaba muriendo, era un esqueleto. (…)

Al final llegamos a la última etapa a doscientos kilómetros de Eritrea. Ahí nos bajamos, agarramos un carro expreso para ir a Asmara donde estaba el papá de mi papá, ahí (Gracias a Dios) llegamos todos, ahí no había ingleses todavía, estaba libre.

G. Don Gil, le pregunto ¿qué pasó con su hermanita? ¿Sobrevivió al fin a toda esa travesía?

Gil. Sobrevivió, gracias a Dios llegamos a Eritrea y empezó a tener kilos porque era piel y hueso, se estaba muriendo. Yo creo que si tardábamos otros pocos de días ya moría seguro. Gracias a Dios ya tiene 78 años (…).

G. Volviendo al tema cuando sale de África y va apuntando hacia Estados Unidos. Llega a la Guaira, al otro polo, usted iba apuntando a América del Norte y llega a América del Sur ¿cuánto tiempo le tomó asimilar y ajustar esas miras y decir "ok, ya no voy a Estados Unidos, me quedo en Venezuela a buscar pues la vida que realmente salí buscando"?

Gil. Cuando vine en el barco, en el barco había una señora que ya vivía en Venezuela, vivía ahí en la Guaira, total, me dice "no te preocupes que ahí tengo un señor de la Venezolana de Cementos que está al lado de mi restaurant, voy a ver, es italiano por cierto, a ver si tú puedes ir a trabajar allá". Y así fue. La señora habló, me invitó al restaurant, hablamos con el jefe de mantenimiento y me dio trabajo porque estaban haciendo un puerto para atracar lanchas. Ahí trabajé cuarenta y pico de días. Una vez que estaba allá le digo "mama ¿dónde está el petróleo?" Me dice "en Maracaibo, en el estado Zulia". Entonces estuve como dos meses en la Guaira. Después de eso, al terminar el trabajo me fui rápido, agarré el avión y me fui a Maracaibo.

Empecé a trabajar con una contratista que trabajaba para la Shell. Ahí me hicieron la prueba para la Shell y para la Creole y ahí trabajé quince años para la Shell.

G. Fíjese que me llama mucho la atención como históricamente, la mayoría de venezolanos que salían en la década de los 70, 80 y 90 regresaban a

Venezuela al poco tiempo. De hecho salían temporalmente, siempre con intenciones de regresar al poco tiempo de salir y en el caso particular de ustedes, vieron en Venezuela una tierra próspera donde poder plantar raíces y donde nacieron sus hijos.

Les pregunto ¿qué fue lo más difícil para ustedes durante la primera migración de cada uno?

Rosalba. ¿Difícil? Pienso yo, que fue la documentación, eso fue un poco tedioso el tener la documentación porque, pues yo entré con una visa de turista, no traía visa de trabajo ni nada de eso. Con una visa de turista me quedé y se venció la visa y entonces era tedioso porque te mandaban para un día, para otro día, era horrible. Eso fue lo más feo porque de resto uno se adaptaba. La familia importa, pero ¿qué hace uno al lado de la familia si no puede ayudarlos a surgir, ni surgir uno mismo? Entonces hay que separarse…

G. ¿En el caso de Don Gil?

Gil. Hablar el español (…), si hablan despacito puedo entender algunas cosas. Con el tiempo ya lo empecé a hablar, hasta ahora lo mastico, lo medio mastico no muy bien…

G. En 2010 deciden salir de Venezuela, la situación se puso difícil y ustedes optaron por establecerse en la tierra natal de Doña Rosalba (Colombia) ¿Cómo fue ese proceso?

Gil. Andábamos en Chile porque ahí tenía un apartamento, se vivía bastante bien, tenía bastante plata en el banco también.

Gus. Importante, eso es importante.

Gil. Cuando fue la cuestión del terremoto ¡uy! Que me asusté tanto, dije "no, no, no, esta no es tierra para nosotros con estos terremotos". Fue un susto grandísimo (…) Total, que nos vinimos aquí a Colombia porque estamos cerca de Maracaibo. Como ahí tengo propiedades, estamos más cerca, decidimos establecernos aquí en Bogotá.

Rosalba. Sí, lo pensado era quedarnos ahí en Chile, pero el terremoto nos sacó corriendo de allá. Entonces, como tenemos que cobrar pensión y eso y no daban sino tres meses, entonces decidimos quedarnos en Bogotá para poder viajar así seguido a Venezuela y ver pues lo que uno dejó allá.

G. Yo acostumbro a preguntarle a mis invitados "si pudiesen viajar en el tiempo al día antes de salir de sus países de origen ¿qué consejo se darían?" Pero para este episodio en especial quiero cambiar esa pregunta por otra pregunta que yo siento que la respuesta probablemente agregue más valor a quienes escuchen este episodio. Ustedes, como voces de experiencia y guías de muchos caminos, ¿qué consejo le darían a esta generación de migrantes que aún no sabemos si regresaremos o no pero que siempre tratamos de mantener la fe y la esperanza de (aunque sea) llegar a pasar nuestra vejez en nuestras tierras?

Gil. Como todo, busquen el bien de uno, el bienestar de uno, el estar mejor. Por eso uno emigra.

Rosalba. El consejo que le doy a esta generación (…) es que "no hay mal que dure cien años ni cuerpo que lo resista".

G. ¡Venga!

Rosalba. Algún día volveremos y seremos la mejor Venezuela que haya existido.

G. ¡Hermoso! De verdad que sí, estoy seguro de eso también.

CONSIDERACIONES FINALES

Recuerdo el análisis de mi mamá durante su primera visita a México en 2013 y después de dos años sin verla. Una reflexión un poco adelantada en el tiempo ya que en la actualidad se habla mucho sobre ello: *"Mijo, es que nosotros como venezolanos no estábamos acostumbrados a migrar. Nunca nos hizo falta"*. Cuanta realidad en tan pocas palabras. Actualmente leo mucho, en todos lados eso, acompañado con una nota final "No teníamos cultura migrante" (en pasado). Como venezolanos ¿Tenemos (ahora) cultura migrante? Creo que aun carecemos de ello. Los venezolanos seguimos viviendo en duelo por todo lo que dejamos atrás. Esto genera que nos movamos con un lastre de recuerdos. Se nos va la vida extrañando cosas que ya no existen, situaciones que difícilmente volverán y esto solo entorpecen nuestro transitar día a día por nuestra nueva vida. Va de nuevo; la migración debe ser sinónimo de reinvención, de renacimiento.

Abriendo el espectro a cualquier persona que lea estas líneas, seas de donde seas y sea cual sea tu religión, tu raza y tu estatus, como seres humanos somos intrínsecamente migrantes. Y no me refiero solo a la migración de un país a otro o de una ciudad a otra. Cuando pasamos de la primaria a la secundaria, eso es una forma de migración. Cuando pasamos de la secundaria a la universidad, cuando cambiamos de trabajo, de casa, cuando terminamos una relación y comenzamos otra, estas son formas alternas de migración. Tomemos como ejemplo aquellas migraciones ¿Cuánto tiempo estuviste extrañando la primaria?, ¿Cuánto tiempo utilizaste el uniforme de secundaria para ir a la universidad? O ¿Cuánto tiempo extrañaste tu anterior trabajo luego de comenzar en un nuevo trabajo?

La vida es dinámica y la migración nos enseña día a día y de manera un tanto más intensa ese dinamismo, de alguna u otra forma vamos evolucionando y podemos ver esta evolución con nostalgia por lo que antes éramos o podemos disponernos a abrazar aquello que hoy somos y, sobre todo, listos a todo lo que podemos llegar a hacer y a ser.

GRATITUD

El día que comencé a dedicar un minuto diario para dar gracias por todo lo que tenía empecé a ver la vida de otro color. Tengo una pulsera con cuentas de madera que utilizo desde hace mucho, tiene veintitrés cuentas y a inicios de 2018 decidí utilizarla como una especie de *Token* de Gratitud.

Durante los primeros cuatro meses de ese año la utilizaba todos los días para recordar que, al menos, una vez al día debía dar gracias por veintitrés cosas sobre las cuales estoy agradecido. Este agradecimiento puede ir dirigido a Dios, al universo, a la vida, a cualquier fuerza superior en la que creas (o a ti mismo en caso de que seas ateo).

1. Gracias por mi esposa y por su salud;

2. Gracias por mis hijos y por su salud;

3. Gracias porque tengo un techo donde vivir;

4. Gracias porque hay comida sobre la mesa;

5. Gracias por el sol que me da calor cuando hay frío;

6. Gracias porque tengo como mantenerme fresco cuando hay calor;

7. Gracias porque tengo trabajo;

8. Gracias porque tengo salud;

9. Gracias por la salud de mi mamá y de mi hermano;

10. Gracias porque tengo acceso a agua potable;

11. Gracias porque tengo electricidad;

12. Gracias por mis amigos;

13. Gracias por mis recuerdos;

14. Gracias porque hoy tengo metas;

15. Gracias por la infancia que tuve;

16. Gracias porque pude despertar;

17. Gracias porque hoy puedo dormir;

18. Gracias porque puedo hablar;

19. Gracias porque puedo ver;

20. Gracias porque puedo escuchar;

21. Gracias porque estoy vivo;

22. Gracias porque estoy vivo;

23. Gracias porque estoy vivo.

Este ejercicio aun lo hago cuando me siento frustrado o cuando siento que las cosas no me están saliendo de la manera en la que lo esperaba. Esto también lo hago cuando Tomás Elías (mi hijo mayor) se molesta porque algo no le sale bien. Simplemente lo aparto, lo miro a los ojos y le pido que repita conmigo al menos cuatro cosas por las cuales debe estar agradecido. Aunque lo hace llorando eso lo conforta, se limpia las lágrimas y en poco recupera su sonrisa, me agarra la mano y seguimos adelante.

La migración me enseñó el significado real de la frase "*El cielo es el límite*", entendí que los límites son mayormente mentales y van más allá de lo físico, de las fronteras, de los idiomas y de las culturas.

Como migrante busco ser mejor cada día, primero; porque así lo quiero, y segundo; porque se lo debo al país que me parió, a la gente que me educó y a un gentilicio que debe ser sinónimo de honestidad, franqueza, humildad y resiliencia. Como venezolanos nunca nos vimos presionados de tal forma para poder superar nuestros propios límites. Siempre dimos todo por sentado como si mereciéramos todo lo que teníamos solo porque nuestro país era rico. Ahora que es tarde comenzamos a apreciar todo lo que teníamos. Bien dice el dicho «*Nadie sabe lo que tiene hasta que lo pierde*» y lo acompaño de algo que dije una vez: "Ojalá todos trabajáramos en nuestros países de la misma manera que lo hacemos cuando estamos fuera de él."

Hoy debo agregar una cuenta más a esa pulsera para darte gracias por acompañarme durante estas líneas.

Esto es *Proyecto: Migración.*

ENLACES

EPISODIOS DEL PODCAST MENCIONADOS EN ESTE LIBRO

Episodio 001 - *¿Me Voy o Me Quedo?* Invitado: Rony Sancir.

https://proyecto-migracion.simplecast.com/episodes/me-voy-o-me-quedo

Episodio 002 – *Adaptación*. Invitado: Juan López

https://proyecto-migracion.simplecast.com/episodes/adaptacion

Episodio 003 – *Familias Divididas*. Invitado: Julio.

https://proyecto-migracion.simplecast.com/episodes/familias-divididas

Episodio 004 – *Xenofobia*. Invitada: Kenia Acurero (mi mamá)

https://proyecto-migracion.simplecast.com/episodes/xenofobia

Episodio 006 – *Trabajo o Emprendimiento*. Invitado: Edgar Gámez.

https://proyecto-migracion.simplecast.com/episodes/trabajo-o-emprendimiento

Episodio 007 – *Dinero*. Invitado Nerio Parra.

https://proyecto-migracion.simplecast.com/episodes/dinero

Episodio 008 – *Desapego*. Invitadas Beatriz Rodríguez y Gisela Briceño.

https://proyecto-migracion.simplecast.com/episodes/desapego

Episodio 009 – *Migrar Luego de Haber Migrado*. Invitada Pamela Celedón.

https://proyecto-migracion.simplecast.com/episodes/migrar-luego-de-haber-migrado

Episodio 011 – *¿Antes Por Qué Migrábamos?* Invitados Gilberto Dibella y Rosalba Betancourth.

https://proyecto-migracion.simplecast.com/episodes/antes-por-que-migrabamos

Micro Episodio *La Cultura Migratoria.*

https://proyecto-migracion.simplecast.com/episodes/micro-la-cultura-migratoria

Micro Episodio *El Migrante y El Minimalismo.*

https://proyecto-migracion.simplecast.com/episodes/el-migrante-y-el-minimalismo

Micro Episodio *Lo Malo También Emigra.*

https://proyecto-migracion.simplecast.com/episodes/micro-lo-malo-tambien-emigra

NOTICIAS SOBRE SITUACIONES DE RIESGO NARRADAS EN ESTE LIBRO OCURRIDAS MIENTRAS VIVÍMOS EN CIUDAD VICTORIA

Anónimo. (2012). Mueren cuatro personas tras balaceras en Ciudad Victoria. *Proceso.*

https://www.proceso.com.mx/301029/mueren-cuatro-personas-tras-balaceras-en-ciudad-victoria

Anónimo. (2016). Balean negocios en Ciudad Victoria, hay dos muertos. *ABC.*

https://abcnoticias.mx/balean-negocios-en-ciudad-victoria-hay-dos-muertos/47992

Anónimo. (2016). Abandonan cabeza en hielera frente al Hospital Infantil de Ciudad Victoria, Tamaulipas. *90° Grados Agencia de Noticias.*

http://www.noventagrados.com.mx/seguridad/abandonan-cabeza-en-hielera-frente-al-hospital-infantil-de-ciudad-victoria-tamaulipas.htm

Anónimo. (2016). Hallan 3 cabezas humanas dentro de hielera en Tamaulipas. *El Universal.*

https://www.eluniversal.com.mx/articulo/estados/2016/03/3/hallan-3-cabezas-humanas-dentro-de-hielera-en-tamaulipas

Anónimo. (2016). Viven psicosis colectiva en escuelas de Ciudad Victoria. *El Mañana Nuevo Laredo.*

http://www.elmanana.com.mx/noticia/95288/Viven-psicosis-colectiva-en-escuelas-de-Ciudad-Victoria.html

OTROS

Álvarez, P. (2019). Al menos 245 niños han sido separados de su familia en la frontera desde junio, dice la administración Trump. *CNN en Español.*

https://cnnespanol.cnn.com/2019/02/21/al-menos-245-ninos-han-sido-separados-de-su-familia-en-la-frontera-desde-junio-dice-la-administracion-trump/

Anónimo. (2017). Lo que sabemos del caso de Pilar Garrido, la española muerta en Tamaulipas. *CNN en Español.*

https://cnnespanol.cnn.com/2017/08/30/lo-que-sabemos-del-caso-de-pilar-garrido-la-espanola-muerta-en-tamaulipas/

Anónimo. (2019). Doral Fl. Appreciation Rate Trends and Housing Market Data. *Neighborhood Scout.*

https://www.neighborhoodscout.com/fl/doral/real-estate

Anónimo. (2019). Doral Fl. Appreciation Rate Trends and Housing Market Data. *Neighborhood Scout.*

https://www.neighborhoodscout.com/fl/weston/real-estate

Anónimo. (2019). Solo 9 aerolíneas internacionales operan en Venezuela. Informe Aereo.

http://informeaereo.com/2019/06/solo-9-aerolineas-internacionales-operan-en-venezuela/

Fields J. Nicodemus R. Episodio 012 – Dinero. Podcast *The Minimalists.*

https://youtu.be/SvKLgbfaY5I

Instituto Nacional de Estadística. (2001). Población nacida en el exterior, por año llegada a Venezuela, según país de nacimiento, censo 2001. *Internet Archive Wayback Machine.*

https://web.archive.org/web/20091113150530/http://www.ine.gov.ve/de mografica/PobNacExteriorA%C3%B1oLlegadaPais.htm

Otero O., J. (sin fecha). Emigrantes – Inmigrantes. Movimientos migratorios en la España del siglo XX.

http://sauce.pntic.mec.es/~jotero/Emigra1/intro.htm

Pérez, M. A. (2012). De Europa al Nuevo Mundo: la inmigración europea en Iberoamérica entre la Colonia tardía y la Independencia. *Nuevo Mundo Mundos Nuevos.*

https://journals.openedition.org/nuevomundo/63251

Rough, L. (2018). La Historia de la Inmigración en los Estados Unidos. *Remitly.*

https://blog.remitly.com/es/inmigracion/breve-historia-de-la-migracion-en-los-estados-unidos/

Varios. (2020). Migración Colombiana en Venezuela. *Wikipedia.*

https://es.wikipedia.org/wiki/Inmigraci%C3%B3n_colombiana_en_Venez uela

Varios. (2020). Inmigración mexicana en Estados Unidos. *Wikipedia.*

https://es.wikipedia.org/wiki/Inmigraci%C3%B3n_mexicana_en_Estados _Unidos

Varios. (2020). Inmigración en Venezuela. *Wikipedia.*

https://es.wikipedia.org/wiki/Inmigraci%C3%B3n_en_Venezuela#cite_note-ref_duplicada_1-51

Varsky, J.P. (2019). Para finales de 2020 habrá 7 millones de migrantes venezolanos, según ACNUR. CNN en Español.

https://cnnespanol.cnn.com/video/venezuela-migracion-acnur-naciones-unidas-exodo-perspectivas-buenos-aires-cnne/

INTRODUCCIÓN

AGRADECIMIENTOS

Capítulo 1. ¿Me voy o me quedo?

Capítulo 2. *Adaptación.*

Capítulo 3. *Desapego.*

Capítulo 4. Hijos / Niños Migrantes.

Capítulo 5. Familias Divididas.

Capítulo 6. Migrar luego de haber migrado.

Capítulo 7. Migración y Minimalismo.

Capítulo 8. Dinero.

Capítulo 9. ¿Trabajo o Emprendimiento?

Capítulo 10. Antes ¿por qué migrábamos?

Capítulo 11. ¡Cuidado! Lo malo también emigra.

Capítulo 12. Extractos de Entrevistas en el Podcast:

¿*Me Voy o Me Quedo?* – Invitado: Rony Sancir. (guatemalteco en Estados Unidos)

Adaptación – Invitado: Juan López (venezolano en Chile)

Desapego – Invitadas: Gisela Briceño y Beatriz Rodríguez (venezolanas en Colombia)

Familias Divididas – Invitado: Julio G. (dominicano en Estados Unidos)

Dinero – Invitado: Nerio Parra (venezolano en Argentina)

¿Trabajo o Emprendimiento? – Invitado: Edgar Gámez (mexicano en Estados Unidos)

Migrar Luego de Haber Migrado – Invitada: Pamela Celedón (venezolana en Chile)

¿Antes Por Qué Migrábamos? – Invitados: Gilberto Dibella y Rosalba Betancourth (italiano y colombiana quienes residieron en Venezuela gran parte de su vida)

CONSIDERACIONES FINALES

REDES SOCIALES:

 gustavoeliasparra

 GustavoParraPM

 geparra

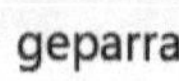

Gustavo Elías Parra

PODCAST DISPONIBLE EN: